K-팝 현대사

K－POP現代史 ……

야마모토 조호 지음

# K－팝 현대사

한국 대중음악의 탄생에서 Z세대까지

마르코폴로

# 목차



K팝이란 무엇인가
K팝이 성공한 이유
이 책의 구성
K팝을 만나기까지의 '격동의 100년'


# 1장 K팝 전사: 한국 대중음악의 탄생과 발전



대중음악의 탄생
미국에서 시작된 새로운 음악의 형성
개항기 조선에서 서양음악 수용
음악을 둘러싼 갈등
음반의 등장
미국 음반사의 발전과 해외 진출
조선으로 간 축음기
음반 판매의 시작



한반도 식민지화와 '문화정치'
조선의 식민지 근대
일본 음반업계의 재편
음반 회사의 한반도 진출과 라디오 방송 시작
대중음악의 시대로
친일가요와 군국가요
해방과 남북 분단
대한민국 정부의 수립 이후 대중음악 변화



TV의 시대로
엘비스 프레슬리의 충격
'한국의 엘비스 프레슬리' 남진
나훈아와의 라이벌 구도
60~70년대 한국 정치
박정희 정부에 의한 규제
경제 발전의 그늘 속에 놓인 한국 청년층
사회에 저항하는 록과 포크송
'정화대책'과 젊은 세대의 음악



박정희 대통령 암살과 전두환 정권의 출범
'3S 정책'과 컬러 TV의 보급
민중가요의 등장과 민주화 운동의 고조
이수만의 미국 유학과 SM기획 설립

# 4장  SNS시대의 K팝 열풍: 소녀시대-KARA-트와이스-NiziU

목차

BTS가 2021년 9월 20일 연설한 유엔 총회 회의장. 연설 전에는 'Permission to Dance'의 뮤직
비디오를 회의장에서 촬영했다. Photo ⓒMarcello Casal JR/Abr

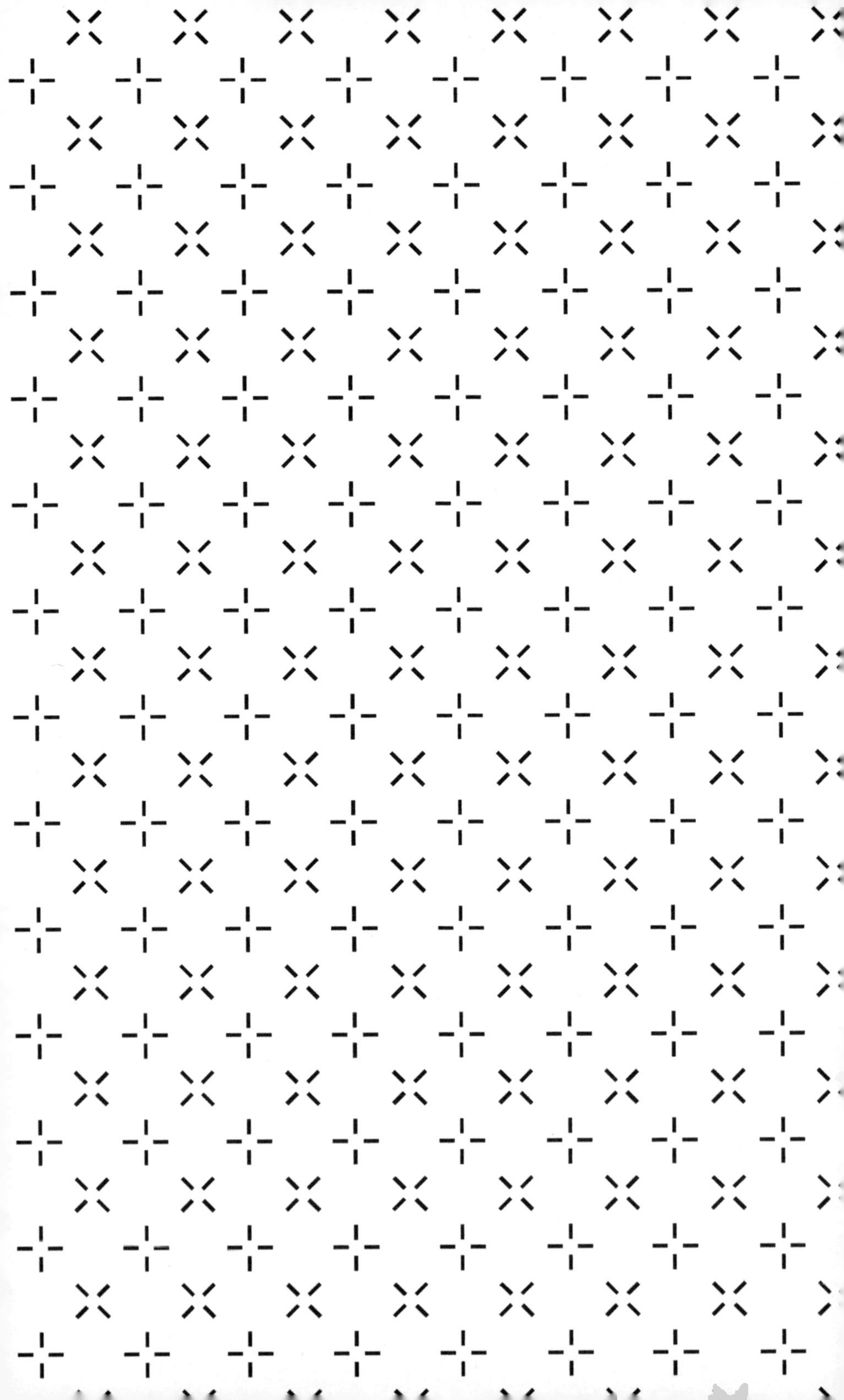

# 한국어판 서문

[illegible]

『K팝 현대사』를 손에 들어주신 한국의 독자 여러분, 진심으로 감사합니다.

이 책의 저자, 야마모토 조호입니다. 2023년 4월 일본에서 처음 출간된 이 책이 이렇게 한국어판으로 여러분을 찾아뵙게 된다니, 저 자신도 매우 놀랍고 기쁜 마음입니다.

제가 한국 대중음악과 처음 인연을 맺은 건 1995년 여름 대학생 시절 한국을 여행하고 있을 때였습니다. 서울의 거리에서 자연스럽게 들려오던 음악이 제 귀를 단번에 사로잡았고, 그 낯설지만 친근한 리듬과 멜로디는 지금도 기억에 생생합니다. 그 순간 "이 음악은 뭐지?"라는 놀라움과 함께, 저는 순식간에 한국 음악에 빠져들었습니다. 그때는 아직 'K팝'이라는 단어가 일반적으로 쓰이지 않던 시절이었습니다. 저도 그저 한 명의 여행자일 뿐이었고, 이처럼 한국 대중음악의 역사를 일본어로 책으로 쓰게 될 줄도, 그 책을 한국어로 번역하여 출판하게 될 줄도 상상하지 못했습니다.

이 책에서 19세기 말부터 오늘날까지 한국 대중음악이 어떤 길을 걸어왔는지를 돌아보며, "K팝은 왜, 어떻게 세계적으로 확산하였을까?"라는 질문에 나름의 답을 찾아보았습니다. 시대의 흐름에 따라 변화해 온 음악, 그 안에 담긴 사람들의 마음과 사회적 배경을 가능한 한 쉽게 전달하고자 노력했습니다. 특히 이번 한국어판에서는 BTS 이후 등장한 4세대, 5세대 아티스트들이 만들어 낸 새로운 흐름에도 주목했습니다(6장). K팝은 이제 음악을 넘어서 패션, 영상, 심지어 삶의 방식에까지 영향을 미치는 '문화'가 되었습니다. 점점 더 다채로워지고, 더 많은 이야기를 품고 있는 지금의 K팝이 앞으로 또 어떤 미래를 향해 나아갈지 정말 기대됩니다. 그리고 2025년 6월에는 BTS 멤버 전원이 군 복무를 마치고 다시 무대에 설 예정입니다. 새로운 세대가 쌓아온 도전과 실험을 바탕으로, K팝은 또 하나의 전환점을 맞이하게 될 것입니다. 이 책이 그런 변화의 흐름을 함께 바라보고, 나아가 조금이나마 이해하는 데 도움이 된다면 저자로서 큰 보람이 될 것입니다.

음악은 국적이나 언어를 넘어 사람과 사람을 연결하는 힘을 가지고 있습니다. K팝이야말로 그런 힘을 가장 생생하게 보여주는 사례라고 생각합니다. 이 책이 한국 대중음악의 뿌리와 흐름을 더 깊이 알고자 하는 마음에 작은 길잡이가 될 수 있다면, 그것만으로도 이 책은 제 역할을 다한 것이라 믿습니다. 마지막으로, 이 책의 한국어판 출간을 위해 힘써주신 마르코폴로 출판

사의 김효진 대표님을 비롯한 모든 분들께 진심으로 감사드립니다.

2025년 4월 1일, 봄이 찾아온 일본 교토에서
야마모토 조호(山本淨邦)

# 머리말

×÷×

## K팝이란 무엇인가

BTS가 '단체활동을 중단'?!

    지금 K팝은 전 세계를 사로잡고 있다. 그중에서도 특별히 주목받고 있는 팀이 7인조 보이 그룹인 방탄소년단(BTS)일 것이다. BTS는 2013년 6월에 한국에서 데뷔한 이후, 세계적으로 영향력을 넓혀가며 글로벌 팝 스타들과 어깨를 나란히 했다. 2021년에는 아메리칸 뮤직 어워드(AMA)에서 '올해의 아티스트'상을 받았고, 2022년에도 두 부문에서 수상하며 5년 연속 수상의 쾌거를 이루었다. 그런 가운데 2022년 6월 14일, BTS가 단체활동을 중단한다는 외신 보도가 나오면서 전 세계에 충격이 퍼졌다. BTS의 공식 유튜브 채널에 올라온 '찐 방탄 회식'이란 영상에서 슈가가 "오프 기간에 들어섰다"라고 말했고, 이 발언의 영어 자막에 '중단'을 뜻하는 'hiatus'라는 표현이 사용되었다. 이로 인해 외신들은 BTS가 활동을 중단하는 것 아니냐는 오해를 하게 되었고, 이는 큰 오보로 이어졌다. 사실 '오프 기간'은 K팝 업계에서 복귀까지의 휴식기를 의미하며, '활동 중단'과는 전혀 다른 개념이다. 그런데 이 미묘한 차이가 잘 전달되지 않아 전 세계 팬들에게 혼란을 준 것이다.

당시 맏형 진(1992년생)의 병역 문제가 주목받고 있었다. 그는 음악 활동의 공로를 인정받아 이른바 'BTS법'으로 불리는 병역법 개정에 따라 입영 기한이 만 30세까지 연장된 상태였다. 하지만 그 기한도 2022년 말로 다가오고 있었다. 이들의 병역 면제를 가능하게 하는 병역법 개정안이 국회에 제출돼 있었지만, 한국 여론이 찬반으로 양분되면서 국회에서의 논의는 지지부진할 수밖에 없었다.

문재인 정부의 황희 문화체육관광부 장관은 정권 교체에 따른 퇴임을 눈앞에 둔 5월 4일, 기자회견에서 BTS 멤버의 입대를 앞두고 찬반이 갈리는 상황이어서 "누군가 책임 있는 목소리를 내야 한다"라며 국회에 대해 BTS의 병역 면제를 가능하게 하는 병역법 개정안의 조속한 통과를 촉구했다. 하지만 윤석열 정부 출범 이후에도 좀처럼 심의가 진행되지 않았다. BTS의 병역 면제를 "공평하지 않다"라고 생각하는 한국 국민의 목소리가 적지 않고, "병역이야말로 평등해야 한다"라는 입장에서 정치적 성향과 관계없이 반대 목소리가 존재했다. 당시 여당인 국민의 힘과 야당인 더불어민주당, 양대 정당에서도 여러 의견이 있어 당내 의견 조율조차 불가능한 상황이었다. 이대로라면 진의 징병은 시간문제였다. 그런 상황 속에서 활동 중단 보도는 현실적으로 받아들여졌다. 멤버의 병역 문제로 인해 그룹 활동을 잠시 멈추는 것이 아니냐는 추측이 설득력을 얻은 것이다. 이 보도로 인해 국내 주식시장에서 소속사 하이브(HYBE)의 주가는 하루 만에 약 25% 급락했고, 다른 업종 주가에도 영향을 미쳤다.

앞서 2022년 5월에는 BTS가 빌보드 뮤직 어워드에서 3관왕을 차지한 바 있다. 또 6월 1일(미국 현지 시간 5월 31일)에는 백악관을 방문해 바이든 대통령과 아시아계 혐오 문제에 관해 대화를 나누기도 했다. 이처럼 국내외에서 막대한 영향력을 지닌 그룹의 '단체활동 중단' 보도는 사회 전반에 큰 파장을 일으켰다. 결국 하이브는 다음 날 보도에 대해 성명을 발표하고 입장을 밝혔다. 팬들의 충격은 물론, 회사 주가 하락까지 이어졌기 때문에 신속한 대응이 필요했던 것이다. 성명에 따르면, 멤버들은 그룹 활동을 잠시 쉬고 각자의 솔로 활동에 집중하려는 의도였으며, 그룹 활동 자체를 종료하는 것은 아니라고 해명했다. 성명과 동시에 해당 동영상의 영어 자막도 'taking a temporary break'로 수정되었다.

## K팝이 성공한 이유

2022년 6월 BTS의 '단체활동 중단' 보도와 그 여파는 단지 이들의 인기만을 보여준 것이 아니었다. 주식시장에서 K팝 관련 기업뿐 아니라 다양한 업종에까지 영향을 미쳤던 사실은, K팝이라는 음악 문화가 한국 사회와 경제에 막대한 영향력을 지니고 있음을 다시금 확인시켜 준 사건이었다. 게다가 외신들이 BTS의 소식을 충격적으로 다루며 전 세계에 전한 것도 K팝의 국제적 위상을 재차 입증했다.

현재 BTS 외에도 NCT드림, 블랙핑크, 트와이스 등의 글로벌 K팝 그룹들이 활발하게 활동 중이며, 2020년대 들어서는 트레저(TREASURE), 엔하이픈(ENHYPEN), 아이브(IVE), 르세라핌(LE SERAFIM), 뉴진스(New Jeans) 등 차세대 그룹이 잇따라 데뷔해 미국 빌보드는 물론 일본 오리콘, 아이튠스, 스포티파이, 애플뮤직 등 주요 차트에서 주목받고 있다.

오늘날 K팝은 전 세계에서 높은 인기를 누리고 있다. 이러한 인기에 대해 일본의 일부 언론에서는 "한국의 내수시장이 작아서" 혹은 "국가 차원의 지원이 있었기 때문에"라는 해석이 흔히 제시된다. 그러나 과연 그것만으로 K팝의 성공을 설명할 수 있을까?

한국의 인구는 5,000만 명이 넘는다. 이보다 음악 시장이 작은 나라들이 훨씬 더 많지만, 그들 가운데 유독 한국만이 글로벌 음악 시장에서 뚜렷한 성과를 거두고 있는 이유는 무엇일까?

또한 문화콘텐츠 산업은 단순한 정부 지원만으로 세계적인 성공을 보장받을 수 있는 분야가 아니다. 만약 국가 지원만으로 성공이 보장된다면, 프랑스 영화나 중국의 C팝도 이미 세계를 석권했어야 할 것이다. 설령 국가가 막대한 자금을 투입해 뛰어난 인재를 육성하더라도, 그것을 대중이 자발적으로 수용하고 소비하지 않는다면 세계 시장에서 성공할 수 없다. 결국 대중문화란 사람들이 "선택적으로" 받아들이고 향유하는 과정에서 비로소 생명력을 갖는다. 무엇보다 수년 혹은 수십 년에 걸쳐 전 세계에서 수많은 팬을 확보하고, 지속적인 히트를 이어갈 수 있는 동력을 단지 시장의 크기나 정부 지원에서 찾기엔 설득력이 부족하다. 따라서 K팝의 성공 요인을 제대로 이해하려면, 단순히 현재 한국 음악산업의 구조나 상황을 설명하는 것을 넘어서서, K팝이 어떻게 형성되고 발전해 왔는지 그 역사적 정체성에 접근할 필요가 있다. 이를 위해서는 K팝이 형성되고, 발전하고, 국경을 넘는 과정을 입체적으로 살펴보는 것이 필수적이다.

## 이 책의 구성

이 책은 앞서 제시한 문제의식을 바탕으로 다음과 같이 구성되어 있다.

1장에서는 1990년대 K팝이 등장하기 이전, 한국 대중음악의 형성과 발전 과정을 다룬다. 구체적으로는 미국 대중음악의 탄생, 제1차 세계대전 이후 미국의 문화적 헤게모니 아래 한반도에서 대중음악이 출현한 1920년대, 미국 대중음악 스타들의 영향을 받은 1960년대, 그리고 일본과 미국의 음악 문화를 모방하며 청년층을 겨냥한 음악이 인기를 끈 1980년대에 걸친 흐름을 살펴본다. 이를 통해 한국 대중음악의 발전을 근현대사와 연계해 설명하고, K팝의 전사(前史)로서 그 역사를 정리한다.

2장에서는 1970~80년대 일본에서 나타난 '한국 붐'을 조명한다. 전후 한일관계의 구조적 맥락을 간략히 정리한 뒤, 그것이 어떻게 일본 내 '한국 붐'으로 이어졌는지를 분석한다. 아울러 조용필, 김연자 등 한국 가수들이 '엔카 가수'로 일본에 진출해 NHK 〈홍백가합전(紅白歌合戦)〉에 출연하기까지의 과정과 그 배경을 살펴본다.

3장에서는 1997년 IMF 외환 위기 이후 빠르게 정비된 인터넷 환경과 이를 기반으로 형성된 팬 커뮤니티의 의미를 분석한다. 동시에 중국의 개혁개방과 한중 수교, 1998년의 한일공동선언(김대중-오부치 선언) 등 외교적 전환점을 배경으로 K팝이 중국과 일본 시장에 진출하게 되는 과정을 고찰한다.

4장에서는 소녀시대 등의 K팝 그룹들이 일본에 본격적으로 진출하면서 일어난 K팝 열풍과 그 영향, 나아가 한일관계의 악화 속에서 팬들이 어떻게 대응했는지를 살펴본다. 특히 일본 언론에서 '전후 최악'이라 불린 시기에 트와이스의 일본 데뷔를 계기로 K팝 열기가 되살아난 이후 코로나19 팬데믹 상황에서도 그 인기가 지속된 배경을 분석한다.

5장에서는 K팝이 국경을 넘나드는 현상을 보다 깊이 이해하기 위해, 음악에 담긴 메시지와 문화적 혼종성을 중심으로 논의한다. 이를 통해 K팝의 세계적 확산이 오늘날을 살아가는 우리에게 어떤 문화적 의미를 갖는지를 성찰한다.

이번 한국어판에는 일본어판에 없던 6장을 새롭게 추가했다. 이 장에서는 최근 동향을 반영하여, 4세대 및 5세대 주요 그룹들의 활동을 중심으로 고찰하고, 차세대 K팝의 가능성과 미래를 전망한다.

이처럼 이 책은 K팝의 형성과 발전, 그리고 탈(脫)국경의 과정을 입체적으로 고찰함으로써, K팝의 역사적 정체성에 접근하고, 그 성공의 배경을 보다 깊이 이해하고자 한다.

## K팝을 만나기까지의 '격동의 100년'

K팝은 19세기부터 20세기 초반에 이르는 시기, 미국에서 형성된 대중음악이 일본을 거치거나 직접 한국에 유입되어 발전하고 정착된 결과물이다. 이후 한국을 넘어 국경을 넘나들며 수용되는 과정에서 'K팝'이라는 이름으로 불리게 되었다. 그 배경에는 음악이나 문화의 영역에만 국한되지 않는 수많은 사람들의 삶과 사회적 변화가 복합적으로 얽혀 있다.

그렇다면 K팝은 구체적으로 어떻게 한국에서 탄생했으며, 또 어떤 경로를 통해 일본과 전 세계로 퍼져 나갔을까? 나아가 국경을 뛰어넘은 K팝의 확산은 세계 문화에 어떤 변화를 가져왔을까? 이 책은 이러한 물음들을 바탕으로 국내외 정세와 K팝의 형성 및 발전의 관계를 통시적 관점에서 고찰하고자 한다.

한국에서 대중음악이 본격적으로 등장하고 대중 속으로 보급되기 시작한 것은 지금으로부터 약 100년 전, 일제강점기였던 1920년대였다. 이후 오늘날에 이르기까지 한국과 동아시아의 행보는 말 그대로 '격동의 100년'이라 부를 만하다.

이 책이 다루는 것은 단순한 K팝의 역사만이 아니다. 세계가, 그리고 우리가 K팝이라는 문화와 마주하기까지 걸어온 100년의 이야기다. 특히 K팝 아티스트 중에 '최애'가 있는 독자라면, 이 책은 바로 그 '최애'를 만나기까지의 역사일 수도 있다. '최애'를 만난 것은 단순한 우연이 아니라, 지난 100년간 직조된 수많은 역사가 얽히고설킨 결과라는 사실을, 이 책을 통해 확인하게 될 것이다.

# 1장

## K팝 전사:
## 한국 대중음악의
## 탄생과 발전

# 1. 한국 대중음악의 태동(19세기~)

✕✛✕

## 대중음악의 탄생

BTS를 비롯해 블랙핑크, NCT드림 등 많은 K팝 가수들은 미국 시장에서의 성공을 중요한 목표로 삼아 왔다. 오늘날 미국에서의 성공은 곧 글로벌 시장에서의 성공을 의미하기 때문이다. 그렇다면 왜 미국 진출이 글로벌 성공과 직결되는 것일까?

K팝의 '팝'은 대중음악(popular music)을 뜻하며, 이는 상업적 이익을 목적으로 생산·유통되는 음악을 말한다. 현대적 의미의 대중음악은 19세기 후반부터 20세기 초에 걸쳐 미국에서 탄생했다. 말하자면, 미국은 대중음악의 본고장이라고 할 수 있다. 이러한 이유로, K팝 가수들뿐만 아니라 전 세계 수많은 음악인에게 미국 시장에서의 성공은 상징적인 의미를 지닌다. 미국에서 인정받은 음악은 곧 세계적으로도 통용되는 음악이라는 인식이 존재하며, 이는 K팝 아티스트들이 미국 진출에 큰 의미를 부여하

는 이유이기도 하다.

먼저 K팝의 기원이 되는 미국 대중음악의 탄생과 발전 과정을 간략히 살펴보고자 한다. 19세기 중반, 미국에서는 도시화가 급속히 진행되었고, 유럽에서 이주해 온 이민자들 사이에 계급 분화가 발생했다. 그 과정에서 새롭게 부상한 중산계급 백인들이 주요한 음악 소비층으로 자리 잡게 된다. 당시에는 마칭 밴드가 유행하고, 악기의 대중적 보급이 확대되면서, 중산층 여성들은 가정에서의 취미 활동으로 악기를 연주하곤 했다. 각 도시에는 대중 오락을 위한 공연장이 세워져 다양한 곡이 연주되었다.

프로와 아마추어 연주자들이 늘어나면서, 이들이 연주할 수 있는 음악에 대한 수요도 높아졌다. 이러한 수요에 발맞춰, 대중의 취향에 부합하는 곡을 작곡하고 악보를 판매하는 대중음악 작곡가들이 등장하기 시작했다. 스티븐 콜린스 포스터(Stephen Collins Foster, 1826~1864)는 「켄터키의 옛집(My Old Kentucky Home)」과 같은 곡을 통해 대중적 인기를 얻었으며, 미국 민요의 아버지로 불린다. 그는 악보를 상품화하여 수익을 창출한 초기 대중음악 작곡가 중 한 명이었다.

이처럼 대중을 대상으로 작곡된 악보를 인쇄·판매하는 음악 출판업이 발전하면서, 음악산업이 본격적으로 형성되기 시작했다. 그 결과, 상업적 이익을 목적으로 한 음악의 생산과 유통이 본격화되면서 '대중음악'의 시대가 열리게 되었다.

## 미국에서 시작된 새로운 음악의 형성

19세기 미국은 영국을 비롯한 유럽 각국에서 온 이민자들, 아프리카에서 노예로 끌려온 사람들과 그 후손 등 다양한 배경을 지닌 이들이 모여 사는 다인종 사회였다. 유럽계 이민자들은 서양 고전음악뿐만 아니라, 유럽 각지의 민요, 그리고 산업혁명 이후 영국 도시에서 유행하던 발라드 등을 미국으로 들여왔다. 한편, 아프리카계 사람들은 자신들의 전통 음악을 미국 땅에서 연주하며 전승해 나갔다.

이 외에도 브라질과 쿠바 등 중남미 지역에서 스페인과 포르투갈 음악, 흑인 음악이 융합되어 형성된 라틴 음악 역시 점차 미국에 유입되었고, 19세기 말 미국에 병합된 하와이의 음악도 미국 문화의 일부로 자리 잡았다. 이처럼 다양한 출신의 사람들이 다양한 음악을 가지고 모인 미국은 서로 다른 음악적 전통이 교차하고 영향을 주고받는 공간이 되었다. 그 결과 이질적인 요소들이 혼합되어 새로운 스타일이 탄생하는 '하이브리드(hybrid)'한 음악 환경이 형성되었으며, 이러한 음악적 토양은 훗날 세계 대중음악의 중심지로 자리매김하는 데 큰 기초가 되었다.

이 가운데에서 특히 대중음악의 형성과 발전에 큰 영향을 미친 것은 아프리카 전통 음악을 기반으로 한 흑인 음악이다. 아프리카 전통음악은 본래 자연신을 숭배하는 애니미즘적 제의에서 연주되는 곡들로, 리듬과 춤, 공동체적 참여가 중심이 되는 특색을 지니고 있다. 구체적으로는 드럼과 같은 타악기의 활용, 리듬의 강약을 이용한 싱코페이션, 발로 리듬을 타는 스텝, 그리고 콜 앤 리스폰스[1] 방식처럼 번갈아 노래하며 주고받는 구조 등은 이후 K팝을 비롯한 현대 대중음악에도 깊은 영향을 주었다. 이러한 다양한 음악적 기반 위에서 미국에서 새롭게 등장한 장르 중 비교적 이른 시기에 형성된 것이 재즈와 블루스였다. 이들 역시 아프리카계 미국인들에 의해 창조된 음악으로, 주로 공연장에서 연주되었으며, 19세기 말부터는 대중을 위한 상업 음악으로 자리 잡기 시작했다.

## 개항기 조선에서 서양음악 수용

19세기 후반, 오랫동안 서양 국가들과의 교류를 제한해 온 조선과 일본은 개항을 맞이하며 서양 음악과 처음으로 본격적인 접촉을 하게 되었다. 여기서 말하는 서양 음악이란 단순히 이른바 클래식 음악뿐만 아니라, 유럽의 민요와 미국에서 태어난 대중음악까지 포함한다. 조선에서는 사회의 근대화가 진행됨에 따라 서양 문명의 일환으로서 대중음악을 포함한 서양 음악이 수용되기 시작했다. 일본의 경우, 학교 교육을 통해 '쇼카(唱歌)'라는 이름으로 유럽 민요나 미국의 대중음악이 도입되었으며, 근대적 음악 교육에 큰 영향을 미쳤다. 예를 들어 「반딧불의 빛(蛍の光)」은 스코

---

1. Call and Response. 두 명 이상의 연주자나 그룹 간에 한 프레이즈를 제시하면 다른 프레이즈로 응답하는 방식으로 진행된다. 주로 아프리카 전통 음악, 블루스, 재즈 등 다양한 음악 장르에서 사용된다.

틀랜드 민요에 일본어 가사를 붙인 곡이며, 「나비」는 독일 민요에서 유래한 것이다. 그렇다면 조선에서는 어떤 경로로 서양 음악이 유입되었을까? 19세기 말부터 20세기 초까지 조선에서 서양 음악이 수용된 경로는 크게 네 가지로 정리될 수 있다. 첫째, 선교사와 그들이 설립한 학교를 통한 경로이다. 선교사들은 선교와 교육 활동에서 음악을 적극 활용했고, 조선인들은 이를 통해 처음 서양 음악을 접하게 되었다. 당시 선교사가 연주하는 악기나 작곡 기법에 매료되어, 이를 본격적으로 배우고자 하는 이들도 생겨났다.

둘째, 일본의 지원으로 설립된 학교(공립보통학교, 관립한성사범학교)에서의 음악 교육이다. 이들 학교에서는 일본 '쇼카'를 기반으로 하여 가사만 조선어로 바꾼 노래가 교과서에 수록되어 교육되었으며, 이는 일본을 경유한 서양 음악의 수용으로 볼 수 있다. 여기에는 민족주의적이고 항일적인 애국창가운동에 맞서서 자국의 음악을 보급하려는 일본의 의도가 반영되어 있었다.

셋째, 조선인들이 주도한 민족 단체가 운영하는 학교를 통한 경로이다. 이러한 학교에서는 항일적 가사를 담은 음악 교육이 이루어졌으며, 앞서 언급한 애국창가운동과도 연결된다. 이 과정에는 선교사에게 음악을 배운 조선인들이 주체적으로 참여해, 외래문화인 서양 음악을 조선인의 손으로 현지화하려는 시도가 담겨 있었다.

넷째, 군악대를 통한 경로이다. 1900년 고종 황제가 근대화를 추진하며 군악대를 창설했고, 일본 군악대를 지도한 경험이 있는 독일인 프란츠 에케르트(F. Eckert)가 초빙되어 음악 교육을 실시했다. 1901년 9월 고종의 생일 축하 행사에서 군악대의 첫 공식 연주가 이루어졌다.

민족 단체가 운영한 학교가 민간 주도의 경로였다면, 군악대를 통한 음악 수용은 국가 주도의 경로였다. 군악대는 1907년 대한제국의 군대 해산과 함께 폐지되었지만, 그 출신자들은 이후 음악 교사나 연주자로 활동하며 서양 음악 보급에 중요한 역할을 하게 되었다.

## 음악을 둘러싼 갈등

앞서 살펴본 것처럼, 조선에서 서양 음악을 수용하는 과정에는 일본을 경유한 경로가 있었던 동시에, 서양 음악을 통해 근대화를 추진하면서 일본에 대항하려는 움직임도 존재했다. 당시 조선에는 일본을 모델로 삼아 근대화를 시도한 세력과, 서양 국가들의 힘을 빌려 일본에 맞서 근대화를 도모한 세력이 공존했다. 이러한 구도는 서양 음악의 수용 방식에도 반영되었다. 이런 상황 속에서 음악은 근대화나 애국심 고취를 위한 계몽과 교육의 수단으로 활용될 수밖에 없었다. 따라서 이 시기에 유행한 음악은 오늘날의 K팝처럼 오락을 위한 소비의 대상이라기보다는 계몽적 기능을 강조한 것이었다. 물론 사람들은 이러한 목적에만 얽매여 음악을 받아들인 것은 아니었다. 일본의 쇼카, 미국 대중음악, 유럽 민요, 장르를 불문하고 외래 음악을 자유롭게 활용하면서 조선어 가사를 붙이는 시도들이 있었다. 대표적인 예로는 일본의 쇼카 「철도 창가(鉄道唱歌)」의 선율에 조선어 가사를 붙여 만든 「학도가(學徒歌)」가 있다. 이 시기에는 아직 작곡이 가능한 조선인이 드물었고 체계적인 음악 교육이 정비되지 않았기 때문에, 외래 음악의 곡조를 활용해 가사를 짓는 방식이 널리 퍼졌다. 이러한 가운데, 서양 음악을 계몽이나 교육이라는 목적과는 분리하여 순수하게 즐기려는 사람들도 서서히 나타나기 시작했다. 이는 훗날 한국 대중음악의 싹이 트는 과정이었다. 그러나 조선 땅에서 서양 음악이 정착하고, 조선인의 손으로 산업화된 대중음악이 만들어지기까지는 시간이 더 필요했다.

1904~1905년의 러일 전쟁 이후, 일본은 대한제국을 보호국으로 만들고 서울에 한국통감부를 설치해 한국 정부를 직접적으로 통제하기 시작했다. 통감부는 애국창가운동에 대응하기 위해 학교 음악 교육을 통해 일본 쇼카를 체계적으로 보급하려 했다. 동시에 민족주의적 창가를 '불량 창가'로 규정하여 단속 대상으로 삼았다. 그리고 1910년, 일본은 결국 대한제국을 병합하며 식민 지배를 본격화했다.

## 음반의 등장

19세기 후반, 음악과 관련된 새로운 기술이 발명되어 서서히 보급되기 시작했다. 바로 녹음과 재생 기술이다. 1877년, 미국의 발명가 토머스 에디슨(Thomas Edison)은 실린더 포노그래프(cylinder ph onograph)라는 초기 축음기를 발명했다. 이는 원통형 장치에 요철을 새겨 음성을 기록하는 장치였다. 이후에는 저장과 휴대가 더 편리한 원반형 레코드가 에밀 베를리너(Emile Berliner)에 의해 개발되었고, 음악을 녹음하고 재생하는 기술은 꾸준히 개량되었다. 20세기에 들어서면서 음반에 담긴 음악을 감상하는 방식이 점차 일반화되기 시작했다.

인류는 문명이 시작된 이래, 오랫동안 연주와 가창, 즉 라이브 공연을 통해서만 음악을 접할 수 있었다. 그런 점에서 음반의 등장은 기존의 음악 감상 방식을 근본적으로 뒤바꾼 혁신이었다. 이전까지는 연주자나 가수와 같은 공간과 시간을 공유해야만 음악을 들을 수 있었다. 하지만 녹음과 재생 기술이 등장하면서, 더 이상 시간과 장소의 제약 없이 음악을 반복해서 감상할 수 있게 되었다. 이러한 편리성 덕분에 음반은 빠르게 대중화되었다.

음반이 가져온 변화는 단순히 음악 감상 방식에만 그치지 않았다. 원래 '소리'는 형태가 없는 것이었지만, 음반을 통해 비물질적인 소리를 물리적인 형태로 고정할 수 있게 되었다. 이로써 고정된 음악을 사고파는 것이 가능해졌고, 음악은 상품으로 유통될 수 있는 대상으로 바뀌었다. 이러한 변화는 오늘날까지 이어지는 음원 유통 시스템의 기반을 마련한 것이기도 하다. 음반의 등장으로 인해 음악 산업의 규모가 상당히 늘어났으며, 기존의 악보 출판 중심의 음악 산업이 막을 내리고, 음반 회사가 중심이 되는 새로운 시대가 열린 것이다.

## 미국 음반사의 발전과 해외 진출

미국에서 급속히 성장한 음반사로는 콜럼비아, 그라모폰, 빅터가 있었다. 이들 미국 자본의 음반사들은 자국 내 시장에만 머무르지 않고, 해외 음악 시장으로도 진출하면서 20세기 음악 산업을 주도하는 세계적인 메이저 기업으로 성장해 갔다. 그중에서도 그라모폰사는 1897년 런던에 유럽 그라모폰사를 설립한 뒤, 유럽 각국에 지사를 세우고 본격적으로 유럽 시장에서 사업을 전개했다. 이후 영국에 진출한 콜럼비아는 1922년에 미국 본사로부터 독립하여 영국 콜럼비아사로 분리되었고, 그후 그라모폰과 합병되어 유럽을 대표하는 음반 기업 EMI(Electric & Musical Industries)로 재편되었다.

제1차 세계대전(1914~1918) 이후, 전쟁으로 피해가 막대했던 유럽 국가들과 달리, 미국은 호황기를 맞이하고 있었다. 도시를 중심으로 화이트칼라 노동자 계층이 성장하면서 시민들의 구매력이 높아졌고, 자연히 이들이 새로운 음반 소비층으로 부상했다. 이처럼 다양한 상품이 대량 생산되고 대량 소비되는 시대에 접어들면서, 음악의 상업화도 더욱 가속화되었다. 미국은 대중음악과 영화 산업을 중심으로 한 세계적인 엔터테인먼트의 중심지로 자리매김하게 되었다.

## 조선으로 간 축음기

서양에서 발명된 녹음 및 재생 기술은 19세기 말 동아시아에도 소개되어 대중들에게 신선한 충격을 안겨주었다. 에디슨이 실린더 포노그래프를 발명한 지 2년 뒤인 1879년, 일본에서는 처음으로 축음기가 공개되었다. 이는 도쿄 제국대학 이학부에 초빙된 영국인 제임스 알프레드 유잉이 만든 실린더 포노그래프를 일본인들에게 소개한 것이었다.

한편, 한반도에 실린더 포노그래프가 언제, 이렇게 유입되었는지는 여러 가지 설이 있다. 한국학중앙연구원이 편찬한 『한국민족문화대백과사전』에 따르면, 1884년 미국인 선교사이자 의사, 외교관이었던 호레이스 뉴턴 알렌(Horace Newton Allen)이 고종 앞에서 박춘재의 노래를 녹음하고 재생한 것이 최초라고 전해진다. 알렌은 연세대학교 세브란스병원의 전신인 광혜원의 초대 원장을 역임하며, 한국에 근대 서양의학을 도입한 인물로 널리 알려져 있다.

또 다른 설에 따르면, 1897년 알렌이 주한미국공사로 재직하던 시기에 서울 자택으로 조선의 고위 인사들을 초청해 실린더 포노그래프를 선보였다는 이야기도 있다. 이외에도 1941년 『신동아』에 실린 기사에 근거하여, 1887년 박정양을 전권대사로 한 외교 사절단에 동행했던 이완용이 실린더 포노그래프를 가져와 왕세자(훗날 순종)에게 전달한 것이 최초라는 주장도 있다. 정확한 시점은 단정할 수 없지만, 1880~90년대에 알렌과 같은 외국인이나 외국에서 돌아온 조선인에 의해 실린더 포노그래프가 한반도에 전해졌을 가능성이 높다. 당시 조선에서는 실린더 포노그래프를 '유성기(有聲機)'라 불렀다. 이후 에밀 베를리너가 발명한 원반형 레코드와 초기 디스크형 축음기도 조선에 들어오면서, 한반도에서도 음반이 점차 알려지기 시작했다.

## 음반 판매의 시작

한반도에서는 러일전쟁 이후인 1907년, 미국 콜럼비아 레코드를 통해 처음으로 음반이 판매되었다. 이때 수록된 곡들은 주로 전통 음악이었다. 이후에는 서양 음악이나 김창환이 창작한 「춘향전」[2]과 같은 전통 창극이 수록된 음반들도 판매되기 시작했다.

당시 한반도에서의 음반 판매량에 대한 구체적인 자료는 확인되지 않지만, 적어도 하나의 산업으로 성립되었다고 보기에는 시장 규모가 작았던 것으로 보인다. 음반은 주로 축음기를 소유할 수 있는 경제적 여유가 있는 조선인이나 외국인들 사이에서 소비되었다고 추정된다. 이 무렵, 일본에 거주하던 미국인 혼(F. W. Horn)이 설립한 일본 최초의 축음기 제조업체 '일본축음기상회'는 축음기의 제작 및 판매뿐 아니라 음반의 녹음, 제작, 판매까지 포괄적으로 수행하고 있었다.

1910년대부터 1920년대 초반까지 유럽과 미국의 주요 레코드

---

2.    金昌煥(1854~1927), 대한제국 고종, 순종 때의 판소리 명창으로, 1902년 협률사(왕실 극장)를 이끌며 '창극'이라는 예술 분야를 개척한 인물이다.

회사들은 일본 시장 진출에 소극적이었고, 대부분 일본 유통업체를 통해 수입 음반만 판매하는 형태였다. 이러한 틈새에서 일본축음기상회는 제1차 세계대전 이후의 경제 호황을 기반으로 빠르게 성장했으며, 다이쇼 시대(1912~1926) 내내 일본 음반 산업을 주도하게 되었다.

일본축음기상회는 한반도에도 진출하여 처음에는 판소리, 민요, 창가 등 전통 음악 음반들을 판매했다. 그러나 실제 주력 상품은 한반도에 거주하는 일본인을 위한 일본어 음반들이었다. 그러던 중 1920년대에 들어서면서 조선인 소비자층을 새로운 시장으로 인식하고, 그들을 위한 음반 판매를 늘려나가기 시작했다. 이 시기 일본축음기상회는 일본에서 유행하던 곡을 한국어로 번안한 음반을 잇달아 출시했다. 대표적으로는 일본의 「압록강절」을 번안한 동명의 곡, 「금색야차(金色夜叉)」를 바탕으로 한 「장한몽」, 「마른 억새(枯れススキ)」를 바탕으로 한 「시들은 방초」 등이 있다. 또한 일본의 「하얀 후지산의 뿌리」라는 곡의 멜로디에 한국어 가사를 붙인 「이 풍진 세상」과 같은 노래도 출시되었다. 이와 같은 전략을 통해 조선인들의 음반 소비는 점차 늘어났고, 음반은 본격적인 대중 소비의 대상이 되어 갔다.

# 2. 식민지 근대와 한국 대중음악의 탄생(1920년대~)

※⁺※

## 한반도 식민지화와 '문화정치'

이러한 과정을 거치며 K팝의 원류라 할 수 있는 조선의 대중음악은 1920~30년대를 거치며 점차 태동하고 발전해 나갔다. 먼저 이 시기의 시대적 배경을 살펴보자.

당시 한반도는 일본 제국의 식민 지배를 받고 있었다. 1910년 한일합병 이후 서울(당시 '경성')에는 조선총독부가 설치되었고, 일본은 군인인 헌병이 일반 치안까지 담당하는 '헌병경찰제도'를 통해 강압적인 통치를 시행했다. 이러한 통치를 흔히 '무단통치'라고 부른다. 이 같은 일제의 억압적인 지배에 반발해 1919년에는 조선 전역에서 독립 만세를 외치는 3·1운동이 일어났다. 대규모 민중운동에 충격을 받은 조선총독부는 1920년대에 들어 기존의 통치 노선을 일부 수정하여, 자신들이 '문화정치'라 부르는 방식으로 전환했다. 이는 겉으로는 언론, 출판, 집회 등의 자유를 일정 부분 허용하는 듯 보였으나, 실제로는 친일적 조선인들을 식민 지배 체제 내로 포섭하고, 그 외의 저항 세력은 탄압하는 방식으로 식민 통치를 더욱 정교하게 유지하려는 시도였다.

한편 이 시기는 제1차 세계대전 전후의 호황을 기반으로 일본 자본주의가 급속히 성장한 시기이기도 하다. 그 여파로 조선 내에서도 점차 자본주의화가 진행되었다. 총독부는 1910년대까지만 해도 '회사령(會社令)'을 통해 한반도의 회사 설립과 공업화에 제약을 두는 억제 정책을 시행해 왔다. 그러나 1920년대에 들어서면서 회사령이 완화되자, 일본을 비롯한 외국 자본이 이윤을 추구하기 위해 조선 시장에 진출하기 쉬운 환경이 조성되었다.

## 조선의 식민지 근대

이러한 조건 속에서 조선 사회는 1920년대 이후 큰 사회적 변화를 겪게 된다. 그 대표적인 상징이 바로 경성을 중심으로 한 도시화의 진전이다. 도시화가 진행되면서 경성은 근대적 소비 공간으로 탈바꿈했고, 혼마치(현재의 명동)와 같은 번화가에는 미쓰코시(현 신세계백화점), 미나카이 등의 백화점이 문을 열었다. 영화관을 비롯한 각종 위락 시설에도 많은 사람들이 몰렸다. 자본주의 발전과 함께 도시에는 화이트칼라 노동자들이 등장했고, 이들이 주요 소비층으로 떠오르며 소비 문화를 이끌었다. 또한 '데파토 걸'이라 불리는 근로 여성들, 유행을 따라 최신 패션을 입고 도시 문화를 즐기는 '모던 보이'와 '모던 걸'과 같은 새로운 도시형 인물들도 등장했다.

조선에서의 도시화는 그 이면에 어두운 면도 존재했다. '모던 보이'로 대표되는 외래문화를 소비하는 인물들은 대부분 상류층 출신이었으며, 화이트칼라나 데파토 걸과 같은 도시 직업을 얻기 위해서는 일정 수준 이상의 학력이 요구되었다. 식민지 조선에서는 민족에 따른 교육 차별이 존재했고, 일본 내지와 비교했을 때 조선인의 취학률, 특히 여성의 취학률은 매우 낮았다. 예를 들어, 데파토 걸로 취업하기 위해서는 중등교육기관인 여자고등보통학교 졸업의 학력이 필요했는데, 『신가정』 1938년 11월호의 「조선여자교육사」 기사에 따르면 1925년 기준 조선 전역에서 여자고등보통학교 재학생 수는 2,021명에 불과했다. 같은 해 일본의 고등여학교 진학률이 15%를 넘었던 것과 비교하면, 조선인 여성의 교육 기회가 얼마나 제한되어 있었는지를 여실히 보여준다. 따라서 당시 여자고등보통학교를 졸업한 여성은 엘리트층에 속했으며, 데파토 걸이라는 직업은 대다수 조선 여성에게는 현실과 거리가 먼 것이었다. 이처럼 일본·미국·유럽에서도 도시 소비 문화를 향유할 수 있는 계층과 그렇지 못한 계층 사이에는 계급과 젠더 등 복합적인 차이가 존재했지만, 식민지 도시 경성에서는 여기에 '민족'이라는 또 하나의 결정적 요인이 작용했다.

---

3.　　デパート, 일본어로 백화점이라는 뜻이다.

이와 같이 식민지에서는 근대화 과정에서도 식민지적 요소가 강하게 개입되었다. 이러한 식민지적 맥락에서 전개된 근대성을 오늘날 '식민지 근대(colonial modernity)'라 부른다. 바로 이 식민지 근대라는 조건 아래에서 조선의 대중음악은 등장하고 발전했다.

## 일본 음반업계의 재편

다시 일본 음반업계에 대해 살펴보고자 한다. 1920년대 들어 일본 음반업계는 큰 변화를 겪게 되는데, 그 계기가 된 사건은 바로 1923년 9월 1일에 발생한 관동대지진이다. 이 사건을 전후로, 그동안 일본 시장 진출에 비교적 소극적이었던 구미(歐美)의 대형 음반사들이 방침을 바꾸기 시작한 것이다.

1924년 일본 정부는 지진 피해를 입은 경제를 재건하기 위해 국산품 애용을 장려하고 사치품에 대해 높은 관세를 부과했다. 축음기나 레코드 역시 사치품으로 분류되었기 때문에, 이전까지 수입 축음기 및 수입 음반 판매에 주력해 온 콜럼비아사, 빅터사, 폴리도르(Polydor)사 같은 구미계 대형 음반사들은 일본 내 판매 전략을 근본적으로 재검토해야 했다. 그 결과, 음반을 완제품 형태로 수입해 판매하던 방식에서, 원반(原盤)만을 수입한 뒤 일본 현지의 법인이나 협력업체에서 복제하여 판매하는 방식으로 전환하게 된다. 콜럼비아사는 일본축음기상회의 주식을 인수하여 '일본콜럼비아'로 개명하고 현지 법인화했으며, 빅터사 역시 '일본빅타축음기주식회사'라는 독립 법인을 새로 설립했다. 독일의

폴리도르사는 일본 내 음반 유통업체에 '일본폴리도르축음기주식회사'를 설립하게 하여 독점적 제휴 체계를 구축했다. 이러한 일련의 재편 과정을 통해, 기존에는 일본 자본이 주도하던 일본 음반업계가 외국 자본 중심으로 재편되기에 이르렀다.

## 음반 회사의 한반도 진출과 라디오 방송 시작

1920년대 후반부터 일본의 외국계 음반 회사들은 일본뿐만 아니라 일제강점기 한반도에서도 본격적으로 사업을 확장해 나갔다. 서울에 이미 지점을 두고 있던 일본축음기주식회사의 경성지점은 일본콜럼비아 경성지점으로 변경되었고, 일본빅터는 1928년에 주식회사 세일상회를 조선 내 총대리점으로 지정했다. 일본폴리도르는 1931년에 조선영업소를 설치하며 본격적인 활동을 시작했다. 이외에도 1930년대 초반에는 태평레코드, 시에론(Chieron)레코드, 오케레코드(1936년에는 테이치쿠레코드로 경영권이 이전됨) 등 일본 자본의 음반사들도 조선 시장에 진출하며 음반 사업을 확대해 나갔다. 이처럼 음반 회사들의 활발한 진출과 함께, 당시 조선의 음악 문화에 중대한 역할을 한 또 하나의 매체가 라디오 방송이었다.

1926년에 설립된 재단법인 경성방송국(현 KBS의 전신)은 1927년에 본격적인 방송을 시작했다. 일본 제국 내에서는 도쿄방송국, 오사카방송국, 나고야방송국에 이어 네 번째로 개국한 방송국이었다. 방송 초기에는 일본어 프로그램과 한국어 프로그램이 동일한 주파수로 송출되었지만, 1933년부터는 이들을 분리하여 '제 1방송'(일본어)과 '제2방송'(한국어)으로 각각 다른 주파수를 통해 방송되었다. 이처럼 레코드와 라디오라는 새로운 매체의 등장은 한국어 대중음악의 확산에 중요한 기반을 마련해주었다. 축음기와 라디오 수신기는 개인의 가정은 물론, 도시의 상점이나 식당, 다방, 사무실, 공장 등에도 설치되면서 보다 많은 이들이 스피커를 통해 음악을 접할 수 있는 환경이 조성되었다.

## 대중음악의 시대로

1920년대 중반부터 조선에서 음반 회사들이 사업을 빠르게 확대하면서 일본 유행가나 서양 음악의 곡조에 한국어 가사를 붙인 노래들이 본격적으로 레코드로 발매되기 시작했다. 이는 일본이나 서양에서 이미 형성된 대중음악의 형식을 바탕으로 한 것으로, 근대 조선 음악이 본격적인 대중가요로 발전해 가는 과도기적 단계라고 볼 수 있다. 이 시기에 조선인이 독자적으로 노랫말을 쓰고 노래하기 시작했으며, 작곡 능력까지 갖추면서 본격적인 창작 가요의 등장이 가능해지는 상황이었다. 그 첫걸음으로 평가되는 곡이 바로 「낙화유수(落花流水)」였다. '강남 달'[4]이라는 별칭으로도 알려진 이 곡은 1927년 무성영화 〈낙화유수〉 상영

---

4.    1927년 김서정(金曙汀, 본명 永煥) 작사·작곡으로 발표된 대중가요. 가사는 다음과 같다. "강남달이 밝아서 님의 놀던 곳 / 구름 속에 그의 얼굴 가리워졌네 / 물망초 핀 언덕에 외로이 서서 / 물에 뜬 이 한밤을 홀로 새울까."

중 배경음악으로 연주되었는데 작사·작곡은 조선인 김서정이 맡았다. 영화의 인기가 높아지자 1929년 이정숙이 부른 이 곡이 레코드로 제작·판매되었다. 이 곡은 조선에서 제작되어 대중적 인기를 얻은 최초의 대중음악으로 여겨진다. 하지만 일본의 사회학자 고바야시 다카유키(小林孝行)는 김서정이 전문적인 음악 교육을 받지 않았다는 점을 들어, 이 곡을 '창작 가요'보다는 대중화된 '창가'에 가깝다고 분석한다(小林 2019).

고바야시는 조선에서 본격적인 창작 가요가 처음 등장한 사례로 1932년 발매된 이에리수(李愛利秀)의 「황성의 적」을 꼽는다. 이 곡을 작곡한 전수린은 호수돈여학교 교장 니콜스(Nicols) 부인에게 바이올린을, 군악대 출신 악사로부터 음악 이론을 배웠으며, 이후 홍난파의 지도를 받는 등 체계적인 음악 교육을 받은 인물이다. 고바야시는 이러한 교육적 배경이 본격적인 작곡 활동으로 이어졌다고 평가한다. 이후 조선 내 학교나 교회, 그리고 도쿄음악학교(현 도쿄예술대학 음악학부의 전신)를 포함한 일본의 전문 음악 교육 기관에서 교육받은 작곡가들이 한국어 가사를 바탕으로 한 대중음악을 잇달아 창작했고, 이 곡들은 레코드로 제작되어 큰 인기를 끌게 되었다.

한편 일본의 음반 회사들이 조선에 진출했지만, 한국어 대중음악의 녹음은 대부분 도쿄의 녹음실에서 이루어졌다. 이 과정에서 일본의 유명 작곡가인 고가 마사오(古賀政男) 등이 작곡이나 편곡에 참여한 사례도 적지 않았다. 특히 편곡은 높은 수준의 이론과 기술이 요구되기 때문에 당시 일본 음악인들의 참여가 빈

번했다. 또한 반주 역시 일본인 연주자들이 맡는 경우가 있었다. 그런 풍토에서도 김용환(1932년 데뷔)과 같이 작곡·가창은 물론 바이올린과 트럼펫 연주까지 가능한 싱어송라이터형 조선 음악가들도 등장했다. 이렇듯 식민지 지배라는 어려운 여건 속에서도 조선의 음악 제작자와 가수들은 일본 음악인들과의 협업을 통해 꾸준히 그 역량을 키워 나가며 대중음악의 시대를 열어갔다.

## 친일가요와 군국가요

문화정치 시기에 성장한 대중음악은 중일전쟁 이후 시대의 흐름에 따라 전쟁의 소용돌이에 휘말리게 되었다. 일본은 1931년 만주사변을 시작으로 중국에 대한 군사 침략을 본격화했으며, 1937년 중일전쟁 발발 이후 조선은 당시 조선 총독 미나미 지로(南次郎, 재임: 1936~42)의 통치 아래 일본의 전시 동원 체제에 편입되었다.

조선은 일본의 대륙 침략을 후방에서 지원하는 '대륙 병참 기지'로 규정되었고, 병력과 물자를 공급하는 기반으로 취급되었다. 이에 따라 총독부는 '내선일체'를 내세우며 조선인에게 신사 참배, 창씨개명 등을 강요하는 황민화 정책을 추진했다. 이러한 전시체제 속에서 대중음악을 비롯한 오락도 전쟁을 위한 도구로 인식되었고, 음악에 대한 통제와 검열이 강화되었다. 1938년부터는 음반 발매 전 검열이 더욱 엄격해졌다. 이 시기에는 조선인의 만주 이주를 장려하는 노래들이 음반으로 제작되어 유통되었다.

조선 최초의 남성 유행가 가수로 꼽히는 제규엽은 「북국 오천 킬로」를 불렀으며, 이때 '북국'은 만주를 의미한다. 인기 가수 남인수는 「울리는 만주선」을, 백년설은 1940년에 「복지만리」를 노래했고, 이 곡은 태평레코드에서 발매되어 큰 인기를 끌었다.

「복지만리」는 국책 영화의 주제곡으로, 영화는 조선의 고려영화사와 만주영화협회가 공동 제작했다. 영화와 노래 모두 조선인의 만주 이주를 권장하는 내용을 담고 있으며, 특히 가사 중 1절과 2절은 한국어, 3절은 일본어로 구성되어 있다. 이는 당시 조선인의 일상 속 일본어 사용을 독려한 '국어(일본어) 상용' 정책의 메시지를 담고 있다고 볼 수 있다. 또한 1938년에는 조선인 청년들을 일본군에 동원하기 위한 '육군특별지원병령'이 공포되었다. 전쟁이 격화되면서 1942년에는 징병제가 도입되었고, 1944년부터는 조선 청년들에 대한 본격적인 징병이 시작되었다. 이에 따라 전쟁 참여를 독려하는 가요들이 다수 제작되었다.

1937년 김용환이 부른 「반도의용대」는 폴리도르 레코드사에서 발매되었고, 장세정이 부른 「지원병의 어머니」는 일본 군국가요를 번안한 곡으로, 일본의 대표 작곡가 고가 마사오가 작곡했다. 이 노래는 조선인 어머니가 아들을 전쟁터에 보내면서도 눈물을 보이지 않는 모습을 묘사하여, 일본의 군국주의적 국책에 부응하는 내용을 담고 있다. 이들 노래는 용감하고 힘찬 멜로디가 특징이다. 이처럼 전시 일본의 국가정책에 따라 제작된 가요는 일반적으로 '친일가요'라 불리며, 특히 전쟁을 주제로 한 곡은 '군국가요'로 불린다.

## 해방과 남북 분단

1945년 일본의 패전으로 35년에 걸친 식민지 지배가 종식되었다. 독립운동 지도자 여운형을 중심으로 전국 각지에 건국준비위원회가 조직되었고, 좌우 진영의 독립운동가들이 연합하여 조선인민공화국 수립을 선언했다. 그러나 일본에 승리한 미국과 소련은 이미 북위 38선을 경계로 한반도를 분할 점령하기로 합의한 상태였다. 같은 해 9월, 한반도 남부에 진입한 미군은 조선인민공화국을 인정하지 않고 남한에 군정을 실시했다. 이후 미소 간의 갈등이 깊어지면서 한반도 내부에서도 좌우 대립과 경제 혼란이 지속되었고, 한반도 전체를 아우르는 단일 정부 수립에 대한 협의는 끝내 무산되었다. 그 결과 1948년 남북에는 각각 자본주의를 채택한 대한민국과 공산주의를 표방한 조선민주주의인민공화국이 수립되면서 한반도의 분단이 고착화되었다. 이와 함께 라디오 방송망과 음반 유통망 역시 남북으로 분리되면서, 대중음악의 문화적 통합성도 점차 사라져 갔다. 해방 이후 일제 강점기에 제작되었던 '친일가요'는 역사 속으로 사라졌으나, '군국가요' 계열의 음악은 그 내용을 바꾸어 형태를 달리하며 남아 있었다. 특히 1950년부터 1953년까지 이어진 한국전쟁 기간에는 전쟁을 주제로 한 곡들이 지속적으로 제작되었기 때문이다.

## 대한민국 정부의 수립 이후 대중음악 변화

미군이 주둔하던 한국에서는 미군 기지를 통해 미국 음악이 직접 유입되었다. 미군 기지에서는 군인들의 오락을 위해 한국인 연주자나 가수가 초청되었고, 이들은 최신 미국 팝 음악을 접하게 되었다.

1950년대 후반에는 안정애의 「대전 부르스」, 박재란의 「럭키 모닝」, 윤일로의 「기타부기」 등 미국 팝 음악의 영향을 받은 곡들이 잇따라 발표되었다. 한편 한국전쟁 이후 이승만 정부는 반공과 함께 '방일'(일본 제국주의 부활에 대한 경계)을 내세우며, 1956년부터 일본식 가요를 왜색가요로 규정하고 한국 문화에서 배제하려는 '왜색가요 정화운동'을 시작했다. 이에 따라 일본어로 된 가요는 물론, 일제강점기에 일본 곡을 번안한 노래들도 금지되었다.

이후에도 일본 대중음악에 대한 규제는 계속되었지만, 방송이나 공연 등을 제외하면 일본 음반 소지나 해적판 유통에 대한 단속은 비교적 느슨했다. 개인적으로 일본 라디오 방송을 통해 일본 음악을 듣는 것도 가능했다. 이러한 상황 속에서 한국 대중음악은 일본 대중음악의 영향을 계속 받아왔다. 1950년대에는 일본 곡을 명백히 표절한 사례도 있었고, 이후에도 일본 음악의 콘셉트를 차용한 곡들이 등장했다. 이러한 행위들은 때때로 저작권 침해라는 문제를 안고 있었지만, 동시에 독립 이후에도 일본의 앞선 대중음악을 학습하고 이를 토대로 한국 대중음악을 발전시키려는 노력으로도 해석할 수 있다. 이처럼 일본 대중음악의 영향에 더해 미국 팝 음악의 직접적인 영향을 받으면서 이후 한국 대중음악은 더욱 다층적으로 전개되었다.

# 3. 스타 가수의 시대: 남진과 나훈아(1960년대~)

## TV의 시대로

1960년대에 접어들며, 한국에서 음악을 즐기는 환경에 큰 변화를 가져온 매체가 등장했다. 바로 텔레비전이다. 영국 BBC가 1929년 실험 방송을 시작한 이후, 실용화를 위한 기술적 발전이 지속되었고, 제2차 세계대전 이후 세계 각국으로 확산되었다. 일본에서는 1953년에 NHK가 정규 방송을 시작했으며, 한국에서는 1961년 KBS가 아시아 국가 중 네 번째로 TV 방송을 시작했다.

TV가 등장하기 전까지 음악을 감상하는 주요 매체는 레코드와 라디오였다. 이들은 오직 '소리'를 통해 음악을 전달했지만, TV는 '시각'이라는 요소를 추가함으로써 음악을 감상하는 방식 자체를 바꾸어 놓았다. 가수나 연주자의 표정, 몸짓, 의상 등 시각적 요소가 음악을 구성하는 중요한 요소로 부각된 것이다. 오늘날 K팝에서 퍼포먼스, 표정 연기, 의상 등이 매우 중요시되는 이유도 이러한 맥락에서 이해할 수 있다. 시각적 요소를 중시하는 음악 감상의 기점은 바로 이 시기 TV 매체의 등장에서 찾을 수 있다. 그렇다면 TV 시대를 맞이한 한국 대중음악은 구체적으로 어떻게 변화해 갔을까?

## 엘비스 프레슬리의 충격

한국 대중음악에 지대한 영향을 미친 미국 음악계에, TV 시대를 대표하는 전설적인 스타가 등장했다. 바로 '로큰롤의 황제'로 불리는 엘비스 프레슬리다. 엘비스 프레슬리는 미국 미시시피주에서 가난한 백인 가정의 아들로 태어나 자랐다. 그는 흑인 음악인 블루스와 리듬 앤 블루스(R&B), 그리고 백인 음악인 컨트리를 결합하여 독창적인 로커빌리[5] 스타일을 확립했다. 1954년 멤피스의 선 레코드(Sun Records)에서 데뷔한 그는, 이후 RCA로 이적해 1956년 첫 싱글 「Heartbreak Hotel」로 미국 차트 1위를 차지하며 본격적인 전성기를 맞았다. 엘비스는 로큰롤의 발전에 결정적인 기여를 했고, 1950년대 미국 대중음악계에서 '킹(King)'으로 불리며 전 세계적인 인기를 얻게 되었다.

그가 데뷔하던 당시, 미국은 TV가 급속히 보급되던 시기였다. 엘비스는 TV라는 새로운 매체의 영향력을 적극 활용하여, 음악적 파격성과 더불어 독특한 패션, 그리고 일명 '골반 춤'이라

---

5.     "로커빌리"라는 용어는 로큰롤의 '록(rock)'과 초기 컨트리 뮤직인 '힐빌리(hillbilly)'의 하위 혼성 문화라 할 수 있다.

불리는 강렬한 퍼포먼스로 대중의 시선을 사로잡았다. 일부 보수적인 시청자들은 이를 두고 "엉덩이를 흔드는 외설스러운 춤"이라며 비난하기도 했지만, 이 같은 시각적 요소들은 그를 단번에 센세이션을 일으키게 했다. TV는 엘비스의 음악과 퍼포먼스를 미국 내에 국한되지 않고 세계 각지로 확산시키는 데 결정적인 역할을 했다. 그 결과 세계 각국에서는 엘비스를 모방하는 수많은 청년이 등장했으며, 이들 중 일부는 실제로 엘비스처럼 가수를 꿈꾸며 활동했다. 당시에는 '○○의 엘비스 프레슬리'라는 수식어가 붙은 현지 가수들도 등장할 정도였다.

## '한국의 엘비스 프레슬리' 남진

엘비스 프레슬리의 음악은 해방 이후 미국 음악의 영향을 강하게 받아온 한국에도 적지 않은 영향을 끼쳤다. 미군 기지가 있던 이태원의 나이트클럽 등에서는 엘비스의 곡이 밴드에 의해 연주되거나 레코드로 재생되었다. 1950년대 한국은 아직 TV 방송이 시작되지 않았지만, 미군 방송인 AFKN 등을 통해 세계적인 록스타 엘비스 프레슬리의 음악이 한국인들에게도 서서히 알려지게 되었다.

1961년 KBS의 텔레비전 방송 개시 이후, 1960년대 후반부터 TV 보급이 본격화되면서 시청자들이 음악을 '보는' 경험이 일상화되었다. 이러한 시대적 흐름 속에서 엘비스 프레슬리의 영향을 받아 등장한 가수가 바로 남진이다.

남진은 1965년 팝 가수로 데뷔했으며, 이후 트로트 가수로 전향하여 「가슴 아프게」를 발표했다. 트로트는 식민지 시대부터 이어진 일본 엔카와 유사한 음악 장르로, 엔카와 마찬가지로 '요나누키 단음계'(7음계 중 4도와 7도를 생략한 5음계)를 특징으로 한다. 1960년대는 트로트가 '올드 트로트'에서 세련된 리듬의 '미들 트로트'로 변화하는 시기였다. 특히 이미자가 등장하면서 멜리스마(소리를 흔드는 창법)를 활용한 노래가 인기를 끌었으며, 이는 곧 트로트 변화를 상징하는 대표적 현상이 되었다.

남진은 '골반 춤'을 추며 미들 트로트를 부르는 피포먼스를 음악 방송 프로그램에서 선보이며 시청자들의 주목을 끌었다. 트로트 가수가 춤을 추며 노래하는 방식은 당시로서는 새로운 시도로, 대중에게 강한 인상을 남겼다. 그는 무대에서 엘비스 프레슬리를 연상시키는 의상과 동작을 선보이며, 자신을 '한국의 엘비스 프레슬리'라고 내세웠고, 이러한 이미지 전략은 대중의 폭넓은 지지를 받으며 그의 인기를 끌어올리는 데 큰 역할을 했다.

## 나훈아와의 라이벌 구도

남진과 같은 시기에 인기를 얻은 또 다른 가수가 나훈아였다. 1947년 부산에서 태어난 그는 남진보다 한 살 어렸다. 나훈아는 1966년에 데뷔했으며, 1968년 「사랑은 눈물의 씨앗」의 히트에 힘입어 당대 최고의 인기를 구가하던 남진과 본격적인 경쟁 구도를 형성하게 되었다. 이후 1972년에 발표한 「머나먼 고향」과 「고향역」으로 확고한 입지를 다지며 '트로트의 제왕'이라는 별칭을 얻게 되었다.

같은 세대의 두 사람은 전략적으로 라이벌 관계를 만들어 갔다. 신곡 발표 시기를 의도적으로 맞추고 팬들의 응원 경쟁을 유도하는 방식으로 대중의 관심을 끌었다. 이와 같은 라이벌 구도는 1970년대 전반 한국 가요계의 활력을 이끄는 중요한 동력이 되었다. 그러나 이러한 경쟁은 뜻하지 않은 결과도 낳았다. 나훈아의 인기가 절정에 달하던 1972년 7월, 서울시민회관 무대에서 한 남성이 깨진 사이다병을 들고 무대에 난입하는 사건이 발생했다. 이 사건으로 나훈아는 얼굴에 중상을 입고 72바늘을 꿰매는 수술을 받아야 했다. 가해자는 사건 당시 나훈아의 라이벌인 남진의 지시를 받았다고 진술하며 파문이 커졌고, 경찰은 남진의 연루 여부를 조사했다. 결국 남진의 개입은 확인되지 않았고, 양측의 공식 발표를 통해 사건은 일단락되었다. 이 사건은 두 사람의 팬층이 얼마나 열성적이었는지를 보여주는 대표적인 사례다.

남진과 나훈아의 인기를 지탱한 주요 세력은 이전까지 대중음악의 주된 소비층이 아니었던 젊은 여성 팬들이었다. 특히 남진의 여성 팬들은 그를 '오빠'라고 불렀는데, 이는 친오빠뿐 아니라 연상의 남성에게 애정을 담아 부르는 한국 고유의 표현이다. 오늘날 K팝 팬들이 좋아하는 남자 아이돌을 '오빠'라고 부르기 시작한 것 또한 바로 이 시기에서 유래되었다.

남진이 빠르고 경쾌한 리듬의 젊은 층을 겨냥한 곡을 주로 불렀다면, 나훈아는 감성적이고 서정적인 곡을 주로 불렀다. 이로 인해 팬층에도 차이가 생겼다. 남진은 주로 젊은 여성들의 절대적 지지를 받았고, 나훈아는 중장년층에게서도 폭넓은 인기를 얻었다. 이처럼 젊은 여성 중심의 팬층을 보유한 남진이 '오빠'라 불리며 당시 대중문화 속 새로운 팬 문화를 형성해 나간 것이다.

오늘날의 아이돌과 같은 개념은 존재하지 않았지만, 1970년대 TV 시대의 스타였던 남진과 나훈아는 그 원형에 가까웠다. 음악을 귀로만 듣던 시대에서 TV를 통해 가수의 퍼포먼스를 '보며' 소비하게 된 변화 속에서, 그들의 라이벌 구도는 대중음악사의 중요한 전환짐을 만들어냈다.

## 60~70년대 한국 정치

TV 시대를 맞이하여 남진과 나훈아가 활약하던 1960~70년대는 군인 출신 박정희에 의한 정치가 이어지던 시기였다. 1960년 4·19 혁명으로 초대 대통령 이승만이 하야하면서, 대통령 중심제는 의원내각제로 전환되었고 양원제를 채택한 새로운 헌법이 제정되었다. 이에 따라 총리 장면을 중심으로 한 정부가 출범하며 민주화가 추진되었다. 그러나 이승만 정권 시기에 억눌려 있던 사회적 불만이 분출되고, 과거 정권의 부정이 드러나면서 장면 정부는 심각한 사회 혼란에 직면하게 되었다. 이러한 상황에 대해 군 내부, 특히 젊은 장교들 사이에서는 정치에 대한 불만이 퍼져 나갔고, 그 중심에 있던 박정희 소장은 1961년 5월 16일 군사 쿠데타를 감행했다. 쿠데타 세력은 군사혁명위원회를 구성한 뒤 이를 국가재건최고회의로 개편하고, 박정희는 그 의장에 취임하고 실질적인 권력을 장악했다. 이후 그는 국가보안법을 강화하여 학생운동, 노동조합, 야당의 반정부 활동을 철저히 통제하고, 중앙정보부를 설치하여 정보기관을 통한 통치 기반을 다졌다.

1962년에는 대통령에게 권력을 집중시키는 새 헌법을 제정하고, 이듬해인 1963년 대선에서 근소한 차이로 당선되어 대통령직에 공식 취임했다. 박정희는 이후 '수출 지향형 공업화 전략'을 통해 국가 경제 발전을 최우선 과제로 삼았고, 한편으로는 반공체제를 강화하며 권력 기반을 더욱 공고히 하려 했다. 1971년 대선에서 재선에 성공했지만, 장기 집권에 대한 사회적 비판이 거세졌다. 그러자 박정희는 오히려 비판을 억누르려는 조치로 1972년 10월 전국에 비상계엄을 선포하고 국회 해산, 정당 활동 금지, 대학 폐쇄 등 강력한 통제를 가했다.

같은 해 11월, 대통령 직선제를 폐지하고 영구 집권을 위한 '유신헌법'을 공포함으로써 독재체제를 제도화했다. 이로써 유신체제가 성립되었고, 박정희는 암살된 1979년까지 이 체제를 유지했다. 이와 같은 권위주의적 정치 체제 아래에서 대중음악을 포함한 문화 전반은 국가 권력의 영향에서 벗어날 수 없었다. 정치 상황은 음악의 내용과 유통, 방송 정책 전반에 영향을 미쳤으며, 이는 당시 대중음악의 방향성과 양상에도 깊은 흔적을 남겼다.

## 박정희 정부에 의한 규제

박정희 정권 시기 대중음악에 대한 규제는 두 가지 제도적 장치를 통해 이루어졌다. 첫째는 1962년에 발족한 방송윤리위원회가 시행한 음악 심사로, 이는 1965년부터 본격적으로 시행되었다. 공공질서를 해친다고 판단된 음악은 방송법에 따라 TV와 라디오에서 송출이 금지되었다. 저속하거나 퇴폐적이고, 표절로 의심되는 곡은 미풍양속을 해치는 불건전한 음악으로 취급되었다. 작곡자가 월북한 경우나 곡이 '왜색(倭色)'으로 판단된 경우에도 마찬가지로 방송 금지 조치가 내려졌다.

둘째는 한국예술문화윤리위원회의 심사였다. 이 심사는 방송에만 적용되는 방송윤리위원회의 금지 조치와 달리, 음반 판매, 공연, 유통 등 공적 문화 영역 전반에서 해당 음악의 활동을 금지하는 더욱 포괄적인 규제였다. 음반에 대한 사전 심사는 1962년부터 시작되었지만, 1975년 박정희 정권이 유신체제에 대한 비판을 통제하기 위해 발령한 대통령 긴급조치 제9호 이후로 더욱 강화되었다. 같은 해 한국예술문화윤리위원회는 '공연활동 정화대책'[6]을 발표하기에 이르렀다.

이 정화대책은 박정희 정권기 음악 규제의 중심축이 되었다. 실제로 1975년 6월, 7월, 9월에 세 차례에 걸쳐 단속이 이루어졌

---

6.　　이 대책에는 ① 국가안보와 국민 통합에 악영향을 미치는 내용 ② 외래문화의 무분별한 도입과 모방 ③ 패배주의적·자학적·비관적인 내용 ④ 선정적·퇴폐적인 내용의 4가지 규제 대상이 구체적으로 명시되어 있다.

으며, 그 때문에 한국 대중가요 222곡과 외국곡 261곡이 금지곡으로 지정되었다. 또한 금지곡으로 지정되지 않은 음악이라 하더라도 방송윤리위원회의 판단에 따라 방송 금지 처분을 받을 수 있었다. 실제로 1975년 한 해 동안 방송 금지곡은 역대 최대인 133곡에 달했다. 이는 방송윤리위원회의 규제가 '공연활동 정화 대책'을 보완하는 역할을 했음을 보여준다.

## 경제 발전의 그늘 속에 놓인 한국 청년층

1975년 대대적으로 시행된 음악 규제의 주요 대상은 바로 청년 세대가 즐기는 음악이었다.

1960년대 후반 이후, 한국 경제는 급속한 성장을 이룩했다. 국내총생산(GDP)은 1965년 약 30억 달러에서 불과 5년 만에 약 89억 달러로 증가하여, 한국은 신흥공업국(NICs)으로 국제 사회의 주목을 받게 되었다. 이러한 고도성장을 가리켜 '한강의 기적'이라 부르기도 한다. 이 배경에는 박정희 정부가 추진한 수출 지향형 공업화 전략이 있었다. 이 전략은 저임금 노동력을 기반으로 한 공산품의 대외 수출을 통해 외화를 획득하고, 이를 바탕으로 경제 성장을 꾀하는 방식이었다. 그러나 이러한 성장 전략은 장시간 노동과 낮은 임금을 전제로 했으며, 하위 계층 노동자들에게 막대한 희생을 요구하는 것이기도 했다. 이러한 현실 속에서 열악한 노동 환경의 개선을 요구하는 젊은이들의 목소리도 점차 커졌다. 그러나 박정희 정부는 노동운동에 대해 지속적인 탄압을 가했으며, 정부에 정당한 요구를 전달하는 일조차 결코 쉬운 일이 아니었다.

1970년 11월, 서울 동대문시장에서 청년 노동자 전태일이 분신자살을 감행하면서 한국 사회는 충격에 빠졌다. 그는 "우리는 기계가 아니다"라는 유서를 남기며 열악한 노동 환경에 대한 절박한 개선을 호소했다. 이 사건은 한국 노동운동의 전환점이 되었고, 이후 노동자들의 조직적 투쟁이 격화되었다. 더불어 청년 노동자들의 고통에 공감한 대학생들도 연대의 목소리를 내기 시작했다. 청년층의 이러한 연대는 단순한 세대 내 문제의식에 그치지 않고, 점차 사회적 불평등과 권위주의 정권에 대한 저항으로 확대되었다.

## 사회에 저항하는 록과 포크송

제2차 세계대전 이후 미국과 일본 등 서방 국가에서는 젊은 세대를 중심으로 사회의 모순을 고발하거나 베트남 전쟁에 반대하는 움직임이 활발히 전개되었다. 이와 같은 사회운동과 긴밀히 연결된 음악이 바로 록과 포크였다. 젊은이들은 이러한 음악에 저항의 메시지를 담아 공감대를 형성하고, 집단적 연대를 실현해 나갔다.

한국에서는 1950년대 후반부터 신중현이 독자적인 록 스타일을 추구하며 새로운 음악적 시도를 감행했다. 그는 1962년 한국 최초의 본격 록 밴드 '에드포(Add4)'를 결성했다. 이들은 초기에는 미군 기지에서 팔군쇼[7] 무대에 오르며 활동했으나, 1964년부터는 한국 사회를 향해 활동 영역을 확장했다. 신중현의 록 음악은 초기에는 대중에게 낯설고 급진적으로 인식되었으나, 점차 젊은 세대의 지지를 얻어 1968년경부터는 다수의 히트곡을 발표하며 대중음악계의 주역으로 자리잡았다.

한편 10대 시절 대부분을 미국에서 보낸 한대수는 1969년 한국에서 활동을 시작하며 포크 록을 도입했다. 그는 1974년에 발표한 첫 정규 앨범『멀고 먼 길』을 통해 당시로서는 이질적이었던 음악성과 가사 세계를 선보이며 한국 대중음악의 지평을 넓혔다. 또한 1970년대에는 대학생들을 중심으로 포크송이 퍼지기 시작했다. 이들은 대학가를 중심으로 음악감상실과 같은 소규모 문화 공간에서 포크 음악을 연주하고 노래하며 즐겼다. 포크송은 단순한 취미 이상의 의미를 지니며, 당대 청년들의 현실 인식과 내면의 목소리를 대변하는 매개체로 기능했다.

## '정화대책'과 젊은 세대의 음악

이처럼 1970년대 한국의 청년들은 사회적 모순과 억압에 대한 분노를 록과 포크송이라는 음악을 통해 표출하기 시작했다. 이는 기존 질서와 체제에 대한 도전으로 읽혔고, 박정희 정권에게는 단순한 유행 이상의 위협으로 받아들여졌다. 음악을 매개로 한

---

7.     '미8군쇼'를 줄여서 부르는 말로, 한국에 주둔했던 미군들을 위한 위문 공연이나 쇼를 통칭한다.

저항의 정서는 민주화 운동, 노동운동 등으로 퍼질 가능성이 있었기에, 정부는 이를 사전에 차단하려고 했다.

1975년에 시행된 '공연활동 정화대책'은 이러한 배경 속에서 등장한 것이다. 신중현은 1972년 유신체제가 수립된 이후, 청와대로부터 대통령을 찬양하는 노래 제작을 요청받았으나 이를 거절했고, 그로 인해 당국의 감시 대상이 되었다. 또한 정부는 미국의 대항문화를 국내에 유입한 대표적 인물로 한대수를 지목하며, 그의 긴 머리와 반체제적 태도를 문제 삼았다. 포크 음악 역시 체제 비판적 메시지를 담고 있다는 이유로 정권의 표적이 되었다.

마침내 1975년에 신중현과 한대수의 음악은 금지곡으로 지정되었다. 신중현은 과거 대마초 흡연 사실로 체포되었고, 한대수는 정부의 문화 통제를 절감하고 다시 미국으로 돌아갔다. 이와 같은 상황에서 대중음악은 사전 검열을 통과하지 않으면 음반 발매나 공연이 불가한 상태에 놓이게 되었다. 1975년은 한국 대중음악사에서 암흑기로 기억되는 시기이다. 이러한 혹독한 환경 속에서도 대중음악계는 생존의 길을 모색했다. 그중 하나가 바로 대학가요제였다. 당시 가수 데뷔를 꿈꾸는 대학생들에게 대학가요제는 등용문이 되었고, 다수의 인기 밴드가 이 무대를 통해 배출되었다.

이수만은 1976년 '정화대책'으로 인해 가요계가 침체된 시기에 포크송 가수로 데뷔했으며, 같은 해 MBC 10대 가수가요제에서 신인상을 수상했다. 이후 1977년 「행복」으로 대중적 인기를 얻으며, MBC 대학가요제에서 4년 연속 사회를 맡아 가수이자 방송인으로서의 입지를 굳혔다. 훗날 SM엔터테인먼트를 설립하여 K팝 산업 발전에 기여하게 되는 그의 활동은, 억압 속에서도 창의성을 잃지 않으려 했던 청년 음악의 상징으로 보인다.

# 4. 아이돌 음악과 댄스 음악: 소방차의 등장 (1980년대~)

✖✛✖

## 박정희 대통령 암살과 전두환 정권의 출범

1979년 10월, 장기 집권을 이어오며 강력한 권력을 행사하던 박정희 대통령이 피살되는 사건이 발생했다. 범인은 당시 중앙정보부장이자 박정희의 측근이었던 김재규였다. 김재규는 범행 직후 군에 의해 체포되었고, 정부는 전국에 계엄령을 선포하여 정국을 수습하려 했다. 이 과정에서 당시 국무총리였던 최규하가 대통령 권한대행을 맡게 되었다. 그해 12월 최규하는 정식으로 대통령에 취임했고, 유신체제의 핵심이었던 '긴급조치 9호'가 해제되었다. 이때부터 오랫동안 억눌려 있던 민주화 요구가 학생, 노동자를 중심으로 분출되기 시작했다. 그러나 이러한 민주화의 기운은 군 내부에서 새로운 권력 세력이 부상하면서 곧 억압을 받게 된다. 박정희 암살 사건의 수사를 담당했던 보안사령관 전두환을 중심으로 한 신군부 세력은 1979년 12월 12일 '12·12 군사반란'

을 통해 군의 실권을 장악했다. 이들은 쿠데타로 정국을 장악하고, 기존 정부를 사실상 무력화시켰다.

1980년 5월 전국적인 민주화 요구가 본격화되며 수많은 시민이 계엄령 해제를 촉구하는 시위에 참여했다. 특히 서울에서는 약 10만 명에 달하는 시민들이 거리로 나섰는데, 이 시기는 '서울의 봄'이라고 불린다. 그러나 신군부는 이러한 흐름을 강경하게 진압하기로 했다. 1980년 5월 17일, 전두환은 계엄령을 전국으로 확대하고, 김대중 등 주요 민주화 인사들을 체포하는 조치를 단행했다(5·17 쿠데타). 이어 광주에서는 시민들이 민주화를 요구하며 항거했고, 신군부는 계엄군을 투입해 유혈 진압을 감행했다. 그렇게 해서 수많은 민간인이 희생된 5·18 광주 민주화운동은 한국 현대사에서 민주주의를 향한 저항과 국가 폭력의 상징적 사건으로 남게 되었다. 이러한 강경 탄압을 바탕으로 권력을 장악한 전두환은 1980년 9월 제11대 대통령으로 취임했다. 전두환 정권은 쿠데타를 주도한 신군부 세력을 중심으로 구성되었으며, 중앙정보부를 개편한 국가안전기획부와 보안사령부를 통해 정권에 대한 비판과 민주화 운동을 철저히 억압하는 군부 독재 체제를 구축했다.

## '3S 정책'과 컬러 TV의 보급

박정희 정권 시기에 강화된 음악에 대한 사전 검열 제도는 전두환 정권에서도 지속되었다. 이로 인해 레코드 회사에서 발매되는 음반의 수록곡뿐만 아니라, 텔레비전과 라디오를 통해 송출되는 음악 또한 모두 정부의 사전 심의를 거친 것들에 한정되었다. 그러나 문화 정책의 방향성에 있어 박정희 정권과 전두환 정권 사이에는 뚜렷한 차이가 있었다. 그것이 바로 이른바 '3S 정책'이다. '3S'란 스포츠(Sports), 성 산업(Sex), 스크린(Screen)을 가리키는데, 이러한 대중 오락을 장려함으로써 정치적 불만이나 반정부적 움직임으로부터 국민의 관심을 돌리고자 했던 것이 그 목적이었다.

박정희 정권은 장발 단속이나 의복 규제와 같은 강력한 풍기 단속을 통해 대중문화를 억압하는 경향이 강했다. 반대로 전두환 정권은 문화를 억압하기보다는 통치 이데올로기에 부합하도록 유도하고, 오히려 문화를 체제 유지에 적극 활용하는 전략을 취했다.

3S 정책의 일환으로 스포츠 분야에서는 1982년 프로야구 출범을 시작으로, 1983년에는 프로축구와 농구 시리즈가, 1984년에는 배구 슈퍼리그가 각각 출범되며, 대중의 시선을 정치에서 스포츠로 돌리는 데 활용되었다.

성 산업 측면에서는 1982년, 37년간 지속되었던 야간 통행금지가 해제되었고, 이는 유흥 산업의 활성화를 촉진하는 계기가 되었다. 더불어 정부의 규제 완화에 따라 포르노 비디오가 범람하고, 이른바 '에로 영화' 제작도 활발했다.

스크린 분야에서는 TV의 컬러 방송이 1980년 전국적으로 송출되었다. 한국 내에서는 이미 1974년에 컬러 텔레비전 수신기 생산이 시작되었지만, 박정희 정권은 이를 '사치 풍조'를 조장한다고 판단하여 컬러 방송 도입을 허가하지 않았다. 그런 이유로 일본 등 외국에 비해 컬러 방송 도입이 다소 지연되었지만, 3S 정책의 일환이자 세계적 추세에 발맞춘다는 명분 아래, 마침내 한국도 컬러 TV 시대를 맞이하게 된 것이다. 이어 1980년대에는 가정용 비디오 플레이어도 일반 가정에 보급되면서, 대중의 시청 환경은 급속히 변화했다.

## 민중가요의 등장과 민주화 운동의 고조

학생을 중심으로 한 민주화 운동 세력은 군부 독재 정권이 대중 오락을 교묘한 통치 수단으로 활용하는 데 대해 강하게 반발했다. 음악 분야에서도 정부의 검열을 거쳐 상업적으로 유통되는 '대중가요'는 이러한 비판의 주요 대상이 되었다. 그 요지는 '대중가요'가 국민을 문화적으로 길들이려는 군부 독재 정권에 봉사하는 음악에 불과하다는 것이었다. 이러한 문제의식에 따라, 학생들과 민주화 운동, 각종 사회운동의 주체들은 1970년대부터 1980년대에 걸쳐 정부의 규제에서 벗어난 공간에서 정권에 대한 비판과 사회 문제를 제기하는 '민중가요'를 창작하기 시작했다. 여기서 말하는 '민중'은 '대중'과는 다른 개념으로, 체제에 순응하며 상업문화 소비에 몰두하는 수동적 존재로서의 '대중'과 달리, 사회 문제에 자각적으로 대응하며 변화를 도모하는 주체를 가리킨다. 즉 민중가요는 체제가 허락한 음악에 무비판적으로 익숙해진 대중문화에 대한 대안으로서, 사회 변혁을 지향하는 자발적 문화 실천의 산물이었다. 전두환 정권 시기, 체제 내 상업문화로서의 '대중가요'와 별개로 존재했던 이 '민중가요'는 수익을 추구하지 않았기 때문에 방송이나 음반 유통을 의식할 필요가 없었고, 그만큼 창작의 자유가 보장되었다.

민중가요는 대학가를 중심으로 한 시위와 집회 현장에서 자연스럽게 퍼졌으며, 운동 참가자들의 문제의식 공유, 결속력 강화, 실천 의지 고취 등의 기능을 수행했다. 민중가요 가운데 특히 널리 알려진 곡이 바로 1980년 5·18 광주민주화운동 당시 희생된 청년의 삶을 기린 「님을 위한 행진곡」이다. 이 노래는 "앞서서 나가니, 산 자여 따르라"는 가사의 반복을 통해 민주주의 실현과 사회 정의를 향한 집단적 실천을 강력하게 촉구했다. 전두환 정권은 이 곡을 공식적으로 금지했지만, 민주화를 염원하는 시민들과 대학생들 사이에서는 계속해서 불리며 운동의 상징으로 자리 잡았다.

「님을 위한 행진곡」은 40년이 넘는 세월이 지난 오늘날에도 5·18 광주민주화운동 추모식에서 제창곡으로 불리고 있으며, 각종 시민운동과 노동운동 현장에서도 여전히 울려 퍼지고 있다.

민중가요를 부르며 펼쳐진 민주화 운동은 1980년대 중반에 이르러 더욱 활발해졌다.

1987년 6월, '독재 타도'와 '대통령 직선제 쟁취'를 요구하는 시위가 전국적으로 전개되었고, 이때 참여한 시민은 약 180만 명에 달했다. 결국 군부 정권은 이러한 민심을 더 이상 외면할 수 없었고, 6월 29일 '민주화 선언'을 통해 대통령 직선제 수용을 비롯한 일련의 개헌 요구를 받아들이게 되었다. 이로써 한국은 군부 독재 체제를 벗어나 본격적인 민주화의 길로 나아가게 되었다.

## 이수만의 미국 유학과 SM기획 설립

전두환 정권의 출범으로 영향을 받은 대표적인 가수 중 한 명이 앞서 언급한 이수만이다. 서울대학교를 졸업한 싱어송라이터였던 그는 1970년대 후반 한국 가요계를 대표하는 인기 가수로 활약하며, 특히 젊은 세대의 지지를 받았다. 1980년에는 록 밴드 '이수만과 365일'을 결성해, 당시 한국에 점차 수용되기 시작한 하드 록 장르에 도전하며 왕성한 음악 활동을 이어갔다. 또한 MBC 라디오 프로그램 「별이 빛나는 밤에」의 진행자로서도 큰 인기를 끌었다.

그러나 1980년 5·17 쿠데타 이후, 전두환 정권은 언론 통제를 본격화하며 '언론통폐합'을 단행했다. 이에 따라 주요 신문사와 방송사가 통합되었고, 언론의 독립성과 표현의 자유가 심각하게 제약되었다. 특히 MBC는 공영방송 KBS가 지분 70%를 소유하게 되면서 사실상 공영화되었고, 신군부의 영향력이 더욱 강화되었다.

이수만은 이러한 정치적 분위기 속에서 음악 활동과 방송 활동 모두에 제약을 느꼈다. 결국 그는 1981년에 음악 활동을 잠정 중단하고 미국 유학을 결심했다. 캘리포니아 주립대학교 노스리지 캠퍼스(CSUN) 대학원에서 컴퓨터 공학을 전공하며 엔지니어

로서의 진로를 모색하기로 한 것이다. 그 무렵 미국에서는 1981
년 MTV가 개국하며 뮤직비디오 중심의 새로운 음악 소비 형태
가 등장했다. MTV는 하루 종일 음악 영상을 송출하며, 단순한
음악 청취를 넘어 '보는 음악'이라는 개념을 대중화시켰다. MTV
의 뮤직비디오 문화는 이수만에게 큰 충격과 영감을 안겨 주었
고, 그는 이러한 새로운 음악 콘텐츠 형식을 한국에 도입해 스스
로 프로듀싱하고자 하는 꿈을 품게 되었다.

1985년 석사 학위를 마치고 귀국한 후, 이수만은 디스코 DJ
활동과 카페 운영 등을 통해 자금을 마련하며 기반을 다져 나갔
다. 그리고 마침내 1989년에 SM엔터테인먼트의 전신인 SM기획
을 설립하게 된다. 이수만의 이 같은 행보는 이후 K팝 산업 전반
의 체계화와 글로벌화에 결정적인 전환점을 마련하는 계기가 되
었다.

## 비디오 시대와 음악

한국에서 전두환 정권에 의한 군부 독재가 이어지던 1980년대,
세계 여러 나라에서는 비디오 기술이 빠르게 보급되기 시작했다.
비디오는 방송 시간에 구애받던 시청자들을 해방시켰을 뿐만 아
니라, 영상과 음성을 녹화해 가정에서 반복적으로 감상할 수 있
는 새로운 문화 소비의 방식을 제시했다. 이러한 변화는 음악 산
업에도 영향을 미쳤다. 이른바 '뮤직비디오'의 등장이었다. 뮤직
비디오는 영화나 드라마에서 삽입되는 배경음악(BGM)과는 성격

이 근본적으로 다르다. BGM이 영상에 종속되어 분위기를 보조하는 '배경'이라면, 뮤직비디오는 음악 그 자체를 중심에 두고, 그 음악의 세계관과 정서를 시각적으로 표현하기 위해 제작된 '음악 중심'의 영상 콘텐츠이다. 뮤직비디오는 음악 전문 채널MTV를 통해 방송되면서 대중에게 점차 익숙해졌고, 이후 음악 감상의 방식 자체를 바꾸는 계기가 되었다.

## 마이클 잭슨과 뮤직비디오 붐

미국에서 뮤직비디오 시대를 대표하는 가수가 '팝의 황제'라 불리는 마이클 잭슨이다. 마이클은 1960년대에 형제들이 결성한 잭슨 파이브에 참여해 리드 보컬로서 천재적인 가창력을 인정받았다. 1969년 모타운에서 메이저 데뷔한 잭슨 5는 1970년대 미국에서 인기를 얻었다.[8]

1979년에 발표한 마이클의 솔로 앨범 『오프 더 월(Off the Wall)』이 미국에서 800만 장을 팔아 대히트를 기록하면서, 솔로 가수로서 높은 평가를 받기 시작했다. 이 앨범은 블랙 뮤직이 유행하던 70년대 미국 대중음악을 집대성한 것으로, 80년대 대중음악과의 가교로 역할을 했다. 이후 1980년대에는 솔로 활동을 활발히 하며 「쓰릴러(Thriller)」, 「배드(Bad)」 등 대히트를 연발했

---

8.　모타운(Motown)은 베리고디 주니어가 1959년 설립한 레이블이다. 모타운 레코드와 정식 계약을 맺고 메이저 데뷔한 가수들로는 슈프림스, 마빈 게이, 스티비 원더 등 스타 아티스트들이 있다.

다. 앞서 언급한 앨범에 수록된 「오프 더 월」과 80년대의 이 두 곡은 마이클의 3부작으로 불린다. 그중에서도 마이클이 세계적인 팝스타로서의 입지를 확고히 다지게 된 것은 1982년에 발표된 「쓰릴러」의 성공 덕분이었다. 그때 큰 역할을 한 것이 뮤직비디오였다.

물론 그 이전에도 뮤직비디오는 제작되고 있었다. 그러나 대부분은 레코딩 장면 등 가수가 노래하는 모습을 단순히 담은 것이 일반적이었다. 이에 반해, 1983년에 존 랜디스 감독이 제작한 「쓰릴러」의 뮤직비디오는 기존의 상식을 뒤엎는 강렬한 인상을 주었다. 공포 영화를 연상케 하는 본격적인 연출로, 마이클이 자신의 특기인 스텝과 턴을 구사하며 좀비들과 함께 춤을 춘다는 기발한 아이디어를 담았다. 이 뮤직비디오를 통해 대중들은 마이클을 더욱 주목하게 되었다.

「쓰릴러」가 수록된 동명의 앨범은 대기록을 세웠고, 기네스 세계 기록에 따르면 전 세계에서 약 6,600만 장을 판매하여 '역사상 가장 많이 팔린 앨범'으로도 알려져 있다. 그 후에도 매출이 계속 늘어 2015년 기준으로 누적 판매량은 1억 5천만 장을 돌파했다.

또한, 1983년 발표된 「빌리 진(Billie Jean)」의 뮤직비디오도 큰 화제를 불러일으켰으며, 그동안 흑인 음악가의 작품 방영에 부정적이었던 MTV에서도 방영되었다. 이 성공으로 인해 마이클 잭슨의 음악 작품에서 뮤직비디오는 빼놓을 수 없는 요소가 되었다. 이처럼 마이클에 의한 혁신적인 작품이 잇따라 발표되면서 뮤직비디오 붐이 일었고, MTV는 성장해 갔다. 그 흐름 속에서 마이클과 같은 댄스 음악이 더욱 인기를 끌며, 80년대 말에서 90년대에 걸친 댄스 붐의 기초가 되었다. 현재 K팝에서 뮤직비디오는 단순한 부속물이 아니라, 음악 콘텐츠의 핵심적인 축으로 자리 잡았다. 그 출발점 중 하나는, 이수만이 미국 유학 시절 MTV와 마이클 잭슨의 뮤직비디오에 충격을 받고 새로운 음악 비전을 품은 그 운명적인 만남에 있었다고 할 수 있다.

## 헤드폰 스테레오와 CD의 보급

1980년대, 비디오와 함께 대중의 음악 청취 방식을 크게 바꾼 또 하나의 혁신적인 제품이 바로 헤드폰 스테레오였다. 이전까지 음악은 레코드, 라디오, 텔레비전 등 어느 매체를 통해서든 스피커를 통해 공간 전체에 소리가 퍼지며 주변 사람들 모두가 청중이 되는 특성을 가지고 있었다. 하지만 헤드폰 스테레오의 등장은 이러한 청취 방식을 근본적으로 바꾸어 놓았다. 주위와 단절된 채 자신만의 세계에서 음악을 감상할 수 있는 환경이 마련된 것이다. 같은 공간에 있는 사람조차도 어떤 음악이 흘러나오고 있는지 알 수 없게 되었고, 음악은 점차 '공공의 소리'가 아닌 '개인의 경험'으로 자리매김하게 되었다.

이러한 음악 청취의 개인화는 청취 기기의 변화와 함께 더욱 가속화되었다. 초기에는 아날로그 카세트테이프를 사용하는 기기가 중심이었지만, 이후에는 CD 등 디지털 매체로 급속히 전환되었다. CD는 일본의 소니(Sony)와 네덜란드의 필립스(Philips)가 공동 개발하여 1982년에 상용화된 디지털 음반 매체였다. 소니는 CD 보급을 위해 전략적으로 가격을 낮춘 CD 플레이어를 생산·판매했고, 이는 CD의 대중화를 빠르게 이끌어 냈다.

CD는 아날로그 음원에 비해 선곡이 용이하고, 버튼 하나만으로 원하는 트랙을 손쉽게 재생할 수 있다는 점에서 사용자 편의성을 극대화한 매체였다. 따라서 개인의 음악 취향을 즉각적으로 반영한 재생 환경을 구성할 수 있으며, '개인의 음악 공간'이라는 개념이 본격적으로 대중화되었다. 사실 음악 정취의 개인화는 이미 라디오카세트가 10대 청소년 사이에서 널리 보급되면서 서서히 진행되고 있었다. 그러나 헤드폰 스테레오의 보급은 그 흐름을 더욱 강하게 촉진했고, 동시에 대중음악 산업이 개개인의 취향을 세분화하여 타겟팅하는 구조적 변화를 불러왔다. 개인이 고른 음악을 개인만의 공간에서 듣는 이러한 변화는, 이후 K팝을 비롯한 대중음악의 유통 및 소비 방식에도 큰 영향을 미치게 되었다.

## 쟈니스 사무소의 성장과 소년대의 충격

음악 청취의 개인화가 진전되면서, 그 주요 수용자였던 10대를 타깃으로 한 대중음악이 1970년대 후반에서 1980년대에 걸쳐 일본에서 급성장했다. 그 대표적인 예가 바로 아이돌 음악이다.

일본의 아이돌 산업은 타깃 세대와 같은 또래의 가수를 이성

애 시각에서 선발해 데뷔시키고 팬을 확보하는 방식으로 성공을 거두었다. 즉, 아이돌은 소비자인 팬들에게 아티스트라기보다는 환상적 연애의 대상으로 더 큰 의미를 지녔다. 이 때문에 가창력보다는 외모, 즉 '멋짐'이나 '귀여움'이 더 중시되는 경향이 있었다. 이러한 상황 속에서 아이돌 음악을 중심으로 성장한 일본 기획사가 쟈니스 사무소이다. 쟈니스 사무소는 소년 시절을 일본에서 보낸 일본계 미국인 쟈니 기타가와(ジャニー喜多川)가 1962년에 설립했다. 그는 로스앤젤레스에서 고교 생활을 하며 극장에서 아르바이트를 하던 중 무대 예술, 특히 뮤지컬에 관심을 가지게 되었다. 다시 일본으로 돌아온 그는 영화 〈웨스트 사이드 스토리〉를 본 뒤, 뮤지컬처럼 노래하고 춤추는 미국식 무대 예술을 일본에서 만들겠다는 결심으로 쟈니스 사무소를 설립했다.

1964년, 쟈니스 사무소는 첫 그룹 '쟈니스'를 데뷔시켰고, 1968년에는 후속 그룹 '포 리브스(フォーリーブス)'를 데뷔시켰다. 잘생긴 소년이 노래하고 춤추는 스타일은 포 리브스 멤버인 기타 고지(北公次)에서 시작되었다. 그 노선을 계승해 1972년에는 포 리브스의 백댄서였던 고 히로미(郷ひろみ)가 데뷔했고, 1975년 소속사를 옮긴 뒤에도 1977년에는 가와사키 마요(川崎麻世)가 데뷔했다. 그는 당시 세계적으로 인기를 끌던 디스코 곡을 불렀으며, 작곡은 쓰쓰미 교헤이(筒美京平)가 맡았다. 1980년대에 들어서며 다하라 도시히코(田原俊彦)와 곤도 마사히코(近藤真彦)가 잇따라 데뷔하면서 쟈니스는 아이돌 전성기를 맞이했다. 곤도 마사히코의 「긴기라기니 사리게나쿠(ギンギラギンにさりげなく, 1981)」와 다하라 도시히코의 「러브 슈풀(ラブ・シュプール, 1982)」도 쓰쓰미 교헤이가 작곡한 디스코 곡이다. 이처럼 미국 음악의 영향을 받은 댄스 아이돌 가수들이 쟈니스 사무소에서 계속해서 등장했다.

이러한 쟈니 기타가와의 엔터테인먼트 철학이 집약된 최고의 걸작으로 평가받는 것이 바로 세 명의 남성으로 구성된 그룹 '소년대(少年隊)'다. 소년대는 1985년 12월, 데뷔곡 「가면무도회(仮面舞踏会)」로 각종 음악 차트 1위를 석권하며 단숨에 톱 아이돌의 자리에 올랐다. 소년대는 이전의 디스코 음악 흐름을 계승하면서도 뮤지컬적인 세계관을 바탕으로 더욱 강렬한 무대를 선보였다. 특히 백 텀블링 등 아크로바틱한 퍼포먼스를 통해 보는 이들을 압도했다. 일본 열도를 휩쓴 소년대의 퍼포먼스는 일본 인접국인 한국에서도 큰 관심을 끌었다. 당시 한국에서는 일본 음악의 방송, 공개 연주, 음반 판매가 금지되어 있었지만, 불법 비디오테이프를 구하거나 일본과 가까운 지역에서 TV 방송을 수신하면서 소년대의 공연을 접한 한국인도 있었다. 소년대는 그들에게 커다란 충격을 안겨주었다.

## 한국 최초의 아이돌 그룹 소방차 탄생

한국 엔터테인먼트 업계에서 일본의 소년대에 주목한 인물 중 하나가 훗날 DSP 미디어를 창립하여 카라 등 많은 K팝 스타를 배출한 이호연이다. 그는 한밭기획의 양승국 사장의 권유로 1981년부터 한밭기획에서 근무하게 되었다.

이호연은 양 사장과 함께 한국에서도 소년대와 같은 아이돌 그룹을 육성하고자 했고, 1987년 일본 소년대에 영감을 받아 '소방차'를 결성하여 데뷔시켰다. 소방차는 정원관, 이상원, 김태형으로 구성된 3인조 남성 그룹으로, 소년대를 모방한 아크로바틱한 퍼포먼스를 도입한 「어젯밤 이야기」가 크게 히트했다. 이후에도 「통화중」, 「일급비밀」(1988년 발표된 두 번째 앨범 수록곡) 등 히트곡을 잇달아 발표했고, 1988년에는 '골든디스크 인기가수상'과 'KBS 10대가수상', 1989년에는 'MBC 10대가수상'을 수상했다. 이호연은 소방차의 프로듀싱을 통해 한국에서도 아이돌 산업이 정착 가능하다는 것을 증명했으며, 이를 바탕으로 1991년 독립하여 대성기획(DSP 미디어의 전신)을 설립하고, 1990년대 후반 이후 K팝 발전에 기여하게 된다.

## 소방차의 표절 의혹과 '한국의 마돈나' 김완선

소방차는 큰 인기를 얻었지만, 소년대를 모방한 스타일로 인해 표절 논란에 휩싸이기도 했다. 대표적인 예가 「통화중」에 대한 논란이다. 이 곡의 음악, 의상, 춤 등 전반적인 구성 요소가 소년대가 1986년에 발표한 「다이아몬드 아이즈(ダイヤモンド・アイズ)」와 유사하다는 지적이 있었다. 앞서 살펴본 것처럼, 한국 대중음악은 오랫동안 일본 대중음악의 영향을 받으며 그것을 참고하고 학습하는 과정을 거쳐 왔다. 그러나 그 방식은 항상 도용이나 표절의 위험성을 동반하고 있었다.

한편 미국 음악으로부터의 직접적인 영향도 존재했다. 마이클 잭슨과 함께 1980년대 서양 음악계를 대표하던 마돈나에게 영향을 받아 '한국의 마돈나'라 불린 가수가 1986년 데뷔한 김완선이다. 그녀는 MTV에 등장하는 서양 아티스트들처럼, 당대에는 누구도 따라올 수 없을 정도의 댄스 퍼포먼스를 선보였으며, 이후 '한국 최초의 여성 솔로 아이돌'이라는 평가를 받았다. 「삐에로는 우릴 보고 웃지」(1990년) 등의 히트곡은 그녀의 입지를 더욱 굳혔다. 사전 훈련을 통해 가창력과 춤 실력을 체계적으로 연마한 뒤 데뷔하는 김완선의 스타일은 현재 K팝 시스템의 원형이라 할 수 있다. 이처럼 1980년대까지의 한국 대중음악은 일본과 미국 양쪽으로부터 깊은 영향을 받으면서 발전했다.

## 20세기의 국경을 넘는 문화 흐름

해방 후 한국은 정치적, 경제적, 문화적으로 다시 일본의 영향 아래에 놓이는 것을 경계하면서도, 한편으로는 "일본을 따라잡고 넘어선다"라는 구호 아래 일본을 모델로 삼아 발전을 도모해 왔다. 대중음악에서도 '왜색가요 정화'를 외치는 한편, 일본의 대중음악을 미국 대중음악과 더불어 주요한 모델로 인식했다. 그러나 이러한 흐름은 20세기의 국경을 넘나드는 문화 흐름이라는 관점에서 보면 어느 정도 필연적인 일이었다. 대중음악은 미국에서 오는 직접적인 경로와 일본을 경유한 간접적인 경로를 통해 한국으로 전파되었다. 이러한 두 경로를 통해 최신 음악을 접한 한국의 음악인들이 한국 사회에 뿌리내린 새로운 음악을 창작해 온 것이다. 일본 역시 쟈니스 사무소의 사례에서 보듯, 미국 음악을 수용하고 모방하면서 자국에 뿌리내린 독자적인 음악을 형성해 왔다. 그 과정에서 다수의 미국 대중음악이 '참조'되었으며, 때로는 참조의 범위를 넘어선 사례도 존재했다.

한국의 경우, 미국 외에도 인접국인 일본이라는 존재가 매우 큰 영향을 미쳤다는 점이 특징적이다. 그렇다고 해서 일본 음악이 한국에 일방적으로 수용되기만 한 것은 아니었다. 1970년대 후반부터는 한국 음악이 일본에서 적극적으로 수용되는 현상도 관찰되었다. 다음 장에서는 해방 이후 한일관계의 변화를 배경에 두고, 21세기 K팝 붐에 앞서 1970~80년대 일본에서 나타난 '한국 붐'과 그 배경에 대해 살펴보고자 한다.

# 2장

## 해방 후 한일관계와 일본의 '한국 붐': '한국=엔카'의 시대

# 1. 해방 후 한일관계

✕✛✕

## 샌프란시스코 강화 조약과 한일 국교 정상화 교섭

일본에서 한국 대중문화가 본격적으로 수용되기까지는, 해방 이후 한일관계의 복잡한 전개 과정을 거쳐야 했다. 특히 1970~80년대 일본 사회에서 나타난 '한국 붐'의 배경을 이해하려면, 광복 이후의 한일관계의 큰 흐름을 살펴볼 필요가 있다.

먼저, 대한민국 정부 수립 이후의 한일관계를 살펴보자. 1945년 일제의 식민 지배로부터 해방된 한반도 남부에는 미군정이 실시되었고 1948년에는 대한민국 정부가 수립되었다. 한편, 제2차 세계대전에서 패전국이 된 일본은 미군 주도의 GHQ(연합군 최고사령부)의 점령하에 놓이게 되었으며, 주권 회복을 위해서는 연합국과의 강화 조약 체결이 필수적이었다.

당시는 냉전 구도가 본격화되는 시기로, 한반도는 남북으로 분단되어 있었다. 이러한 국제 정세 속에서 일본 정부는 소련 등을 제외한 서방 국가들과만 강화 조약을 체결하기로 방침을 정했다. 그렇게 해서 샌프란시스코 강화 회의가 개최되었을 때, 한국도 참가를 요청했다. 미국은 초기에 한국의 참가에 긍정적인 입장을 보였으나, '교전국이 아니다'라는 이유로 일본과 영국이 강하게 반대했고, 결국 미국도 한국의 참가를 받아들이지 않았다. 이로 말미암아 한일 간 전후 처리 문제는 샌프란시스코 강화 회의를 통해 해결되지 못하고, 별도의 교섭을 통해 다뤄지게 되었다. 1951년, GHQ의 중재로 한일 간 예비 교섭의 기회가 열렸다. GHQ는 점령 정책의 일환으로 재일 한국인의 법적 지위를 명확히 하는 것을 과제로 삼고 있었으며, 이를 해결하기 위한 협의 자리를 주선한 것이다.

### 교섭의 난항과 구보타 망언(제1차~제3차 회담)

1952년 2월 15일부터 4월 25일까지 한일 양국은 제1차 회담을 개최했다. 이 회담의 핵심 의제는 크게 두 가지로, 외교 관계 수립과 식민 지배를 둘러싼 청구권 문제였다. 이 중에서 회담의 중점을 어디에 두느냐에 대한 한일 양측의 입장 차이는 매우 컸다.

일본은 외교 관계 수립을 중시하고 과거사 문제에 대해서는 불문에 부치는 입장을 보이자, 한국 측 대표는 식민 지배 청산을 일본 측에 강력하게 요구하며, 병합조약을 비롯한 식민지화 과정에서 맺어진 조약들의 무효 확인을 요구했다. 또한 한국은 일본에 반출된 미술품이나 재산의 반환, 징용 노동자의 미지급 임금 등 8개 항목을 제시하여 청구권을 주장했다. 이에 맞서 일본은 한반도에 남겨둔 일본인들의 재산에 대한 청구권을 주장했다. 이와 같은 일본의 주장은 한국이 제시한 청구권을 부정할 뿐만 아니라 식민 지배를 긍정하는 것이라는 한국 측 대표의 반발을 불러일으켜 협상이 결렬되었다.

그 후 미국의 압력으로 1953년 4월 15일부터 7월 23일까지 제2차 회담이 열렸다. 그러나 양국 간의 입장 차이는 해소되지 않았고, 일본의 제안으로 회담은 휴회된 채 자동으로 무산되었다. 같은 해 10월 6일부터 시작된 제3차 회담에서는 계속해서 청구권 문제가 의제가 되었지만, 그 과정에서 일본 측 수석 대표인 구보타 간이치로(久保田貫一郎)의 발언이 한국 여론의 큰 반발을 불러일으켰다. 한국 측 대표가 식민지 지배로 인한 피해를 주장하자, 구보타는 "식민지 지배에는 좋은 면도 있었다"라고 말하며 식민 지배를 정당화하는 발언을 했다(구보타 망언). 게다가 오카자키 가쓰오(岡崎勝男) 일본 외무대신이 기자들 앞에서 "당연한 것을 당연하게 말했을 뿐"이라며 구보타의 발언을 옹호했기 때문에, 한국의 반발이 더욱 거세졌다. 그 후 한일 회담은 4년 넘게 중단되고 말았다.

## 정치적 결판으로(제4차~제7차 회담)

구보타의 발언으로 한일 회담 재개가 오랫동안 이루어지지 못한 가운데, 1957년 2월 기시 노부스케(岸信介)가 일본 총리로 취임했다. 기시는 보수 정치인 중에서도 반공 입장을 명확히 주장하는 인물로, 동북아시아에서 공산주의 세력에 대항하기 위해 미일 동맹을 중시하면서 한국에 대해서도 적극적인 자세를 보였다.

기시 정권이 구보타 망언을 철회하겠다는 뜻을 한국 정부에 전달하면서, 또다시 한일 회담이 열리게 되었다(제4차 회담, 1958년 4월 15일~1960년 4월 25일). 그러나 한국 측은 재일 조선인들의 북한 귀환 사업에 대한 일본 정부의 적극적인 태도에 반발하여, 회담은 난항을 겪었다. 또한 1960년에 한국에서 4·19 혁명이 일어나 이승만 정부가 무너짐에 따라 회담이 종료되었다.

혁명 후에 성립된 장면 정권은 선거 공약으로 대일(對日) 수교를 내걸었고, 이승만 정부보다 적극적으로 협상에 임할 것이라는 기대를 받았다. 일본 정부는 고사카 젠타로(小坂善太郎) 외무대신을 한국에 파견하여 한국 정부와 한일 회담 재개에 대해 합의했다. 일본 외무대신으로서는 최초의 한국 방문이었다. 그만큼 일본 정부의 장면 정권에 대한 기대가 컸음을 보여준다.

합의에 따라 1960년 10월 25일부터 제5차 회담을 위한 예비 회담이 열렸다. 예비 회담에서는 한일 양국이 본회의에서 단기간에 정치적 결판을 목표로 했다. 그런데 박정희의 쿠데타로 인해 1961년 5월 16일에 회의가 중단되었고, 결국 제5차 회담의 본회의는 단 한 번도 열리지 않았다.

새로 출범한 박정희 정권은 반공적 입장과 함께 정권 안정을 위한 경제 발전을 목표로 하고 있었다. 또한 미국은 동북아시아에서 반공 체제 강화를 위해 한일 회담을 추진했다. 이렇게 해서 박정희 정권 아래에서 제6차 및 제7차 회담이 열렸다. 회담에서는 한국의 배상과 보상 요구를 끝까지 받아들이지 않는 일본의 입장을 고려하여 '경제 협력'으로 정치적 절충을 모색했다. 이 노선을 결정한 것은 1962년 11월에 열린 오히라 마사요시(大平正芳) 일본 외무대신과 김종필 중앙정보부장의 회담이었다. 이 회담에서 일본이 한국에 대한 경제 협력(무상 3억 달러, 유상 2억 달러 등)을 하는 것으로 합의되었다. 경제 협력으로 결론을 내린 것은 한국 국민의 반발을 불러일으켰고, 1964년부터 1965년까지 대규모 반대 운동이 벌어졌다. 이에 대해 박정희 정권은 폭력으로 진압했고, 1965년 6월 22일 한일 조약이 양국 정부 간에 체결되었다.

## 한일 수교와 남겨진 과제

한일 조약은 식민지 지배에 기인한 여러 문제들을 '해결'했다기보다는, 냉전 속에서 미국의 세계 전략이나 한일 양국의 정치적·경제적 의도를 우선시하며 현안을 '유보'한 것이었다. 미국은 동북아시아에서 공산주의에 맞서기 위해 한일 간 협력을 기대하고 있었다. 또한 일본은 고도 경제 성장기에 있던 당시, 한국 시장과 저렴한 노동력에 매력을 느끼고 있었다. 반면, '수출 지향형 공업화 전략'을 추진하던 한국의 박정희 정권은 저임금, 장시간 노동 등 자국민의 희생을 감수하면서도 경제 성장을 위해 일본과의 관계 강화를 통해 한국의 경제 발전을 이루고자 했다. 이러한 세 나라의 이해관계가 얽혀 조약 체결이 이루어졌다.

한국이 주장해 온 청구권 문제가 '경제 협력'이라는 형식으로 바뀐 것에 대해, 한일 조약 체결 당시의 시이나 에쓰사부로(椎名悅三郎) 일본 외무대신은 1965년 11월 19일 참의원 본회의에서 답변하면서 그 의도를 이렇게 설명했다. 먼저 경제 협력을 "배상의 의미로 해석하는 사람도 있지만, 법적으로는 전혀 관련이 없다"고 확인한 후, "새로운 국가의 출발을 축하하는 차원에서 이 경제 협력을 인정했다"라는 것이다. 즉, 일본의 한국에 대한 경제 협력은 말하자면 한국 독립을 축하하는 성금일 뿐, 배상도 아니고 배상에 갈음하는 것도 아님을 일본 정부가 상조한 것이다. 또한, 병합 조약 등 식민지화 이전의 여러 조약의 유효성에 대해서도, 조약에는 '이미 무효'라고 기재되었다. 이에 대해 한국은 "애초부터 무효"라고 해석했으나, 일본은 "현재는 무효"(즉 체결 당시는 유효)라고 해석했다. 이러한 애매한 정치적 타협은 오늘날까지 과거 청산을 둘러싼 한일 간 갈등을 불러일으키는 원인이 되고 있다.

## 1960년대 후반부터 1970년대 초반의 한일 교류

이와 같은 과제를 남겼으나, 한일 조약이 체결된 것으로 인해 한일 간 교류 기회가 점차 늘어난 것도 사실이다. 그러나 1960년대 후반부터 1970년대 초반까지 한일 교류의 중심은 정치권과 경제인들이었다.

한일 양국 정부는 공산주의 세력에 맞서기 위해 한국, 일본

그리고 미국이 연대할 필요성을 느꼈기 때문에, 애매한 정치적 타협을 시도하면서도 한일 조약 체결을 서둘렀다. 베트남에서는 한일 조약과 같은 해인 1965년에 베트남 전쟁이 발발했다. 따라서 반공 진영의 결속이라는 관점에서, 한일 간 보수 정치인들 간의 교류가 촉진되었다. 1968년부터 매년 일한의원간담회가 개최되었고, 1972년에는 일한의원간친회가 출범, 1975년에는 일한의원연맹으로 발전했다. 일본의 일한의원연맹에는 반공적 성향이 있는 자민당과 민사당의 '친한파'가 참여했으며, 다른 정당의 참여는 80년대 민주화까지 없었다. 이것이 상징하듯이, 한일의원연맹은 반공적 성격이 강했다.

무엇보다도 경제적 교류의 강화가 한일 조약 체결의 당면 과제였기 때문에, 경제 분야에서 협력 관계는 조약 체결 후에 더욱 깊어졌다. 결과적으로 한국의 대일 공산품 수출은 증가했으나, 불균형한 무역 구조로 인해 한국의 대일 무역 적자는 증가했다.

국교가 수립되면서 인적 교류도 확대되었다. 그러나 70년대 초반까지는 비즈니스 목적이 대부분이었다. 이후 일본에서 관광 목적으로 한국을 방문하는 일본인 관광객들이 점차 늘어났다. 그러나 해외여행 제한 등 여러 제약으로 인해 한국에서 일본을 방문하는 한국인 관광객은 적었다.

한편 일본을 방문하고 있던 야당 지도자 김대중이 1973년 8월 중앙정보부에 의해 납치되면서, 민주화 운동을 탄압하는 박정희의 유신 체제에 대한 비판이 일본에서 고조되었다. 그 때문에 일본 국내에서 한국 민주화 운동과 연대를 모색하는 움직임이 나타나, 와다 하루키(和田春樹) 등 지식인을 중심으로 일한연대연락회의(日韓連帶連絡会議)가 결성되었다. 이처럼 시민운동 차원에서도 한일 간 교류가 깊어져 갔다. 일본 잡지 『세계』에는 1973년 5월호부터 1988년 3월호까지 익명으로 'T·K생'을 자칭한 필자(지명관)의 연재 「한국에서의 통신」이 게재되었고, 독재 정권의 탄압과 이에 대한 학생과 시민의 저항이 일본에 전해졌다.

## 재일 한국인 사회와 한국 대중음악

정치·경제 분야에서의 한일 교류가 활발해진 것에 비해, 수교 후 한동안 대중문화에서의 교류는 활발하다고 말할 수 없는 상황이었다. 그런 가운데, 일본 사회에서 한국 대중음악이 수용되는 데 큰 역할을 한 것이 재일 한국인의 존재였다. 일본 사회에서 소수 집단으로 살아가는 재일 한국인은 민족적 정체성을 유지하기 위해 한국의 언어나 문화에 적극적으로 접하려는 태도가 강했다. 음악에 있어서 특히 민요나 장고와 같은 전통음악이 민족 교육으로 중시되었다. 그와 동시에 한국의 대중음악도 또한 식민지 시기에 일본으로 건너온 재일 한국인 1세들에게 마음의 위안이 되었다. 이러한 재일 한국인들의 열망에 부응하듯, 1965년 한일 수교 직후부터 한국인 가수들에 의한 재일 한국인 대상의 일본 공연이 종종 열리기 시작했다. 1965년에는 '서울 올스타 퍼레이드'라는 제목으로, 백년설과 이은파 등 당시 한국에서 인기 있던 가수들이 일본을 방문하여 공연을 했다.

한국 대중음악에 관심을 보이는 일본인이 극히 적었던 시기에 재일 한국인 사회는 조국 대한민국과의 문화적 연결을 강하게 구하고 있었다. 그 요구에 응하여 한국 가수들이 방일 공연을 한 것이다. 이것이 1970년대 초반까지 일본에서 한국 대중음악의 주요한 수용 경로가 되었다.

# 2. 80년대 일본의 '한국 붐'

✕╌✕

## 이성애의 일본 데뷔

1969년, 여성 솔로 가수인 패티김이 일본에서 데뷔하여 「사랑하는 마리아」를 히트시키며, 일본에 진출한 한국인 가수로서 선구적인 역할을 했다. 또한 70년대에 들어서면서 여러 분야에서 한국과의 교류가 활발해졌고, 70년대 후반에는 한국 대중음악을 즐기려는 일본인들이 점차 늘어났다. 그 흐름을 결정적으로 이끈 계기는 한국 여성 가수 이성애의 일본 데뷔였다. 이성애는 한국전쟁 중인 1952년에 태어났다. 1971년에 한국에서 데뷔했고, 1973년에는 'MBC 10대가수' 여성 신인상을 수상하는 등 가수로서 높은 평가를 받았다. 이렇게 한국에서 인기 가수가 된 이성애는 1977년에 일본에 데뷔했다. 데뷔곡은 남진의 히트곡 「가슴 아프게」를 일본어로 커버한 곡이었다.

한편 이성애의 한국 데뷔곡인 「사랑의 오두막집」은 팝 음악이었다. 이후 그녀는 카펜터스의 커버 곡을 발표하는 등 트로트만 부른 것이 아니었다. 그러나 그녀는 일본 가요계에서 트로트와 유사한 엔카 가수로 활동했다. 그 배경 중 하나는 이성애가 일본에서 받아들여진 것이 새로운 음악 장치인 가라오케를 통해서였다.

가라오케는 전후 일본에서 태어난 음악 문화이다. 1960년대 후반부터 일본에는 그 원형이 있었지만, 1970년대에 본격적으로 보급되기 시작했다. 현재와 같은 노래방이 등장하기 전에는 주로 중년 남성들이 여성의 접대를 받는 음식점에 설치되어 손님을 즐겁게 하는 용도로 사용되었고, 그곳에서 인기가 있었던 음악 장르가 바로 엔카였다.

이성애가 일본에 데뷔할 무렵, 일본의 유흥가에서 한국 여성들이 손님을 접대하는 유흥업소가 늘어나기 시작했다. 그곳에 설치된 가라오케로 일본의 중년 남성들이 한국 노래를 부르거나, 접대하는 한국 여성들에게 한국 노래를 부르게 하기도 했다. 일본에서 한국 가요의 가라오케가 등장한 것도 이 시기였다. 이렇게 해서 가라오케의 주요 이용자였던 중년 남성들이 선호하는 엔카가 이성애의 일본 활동 무대가 된 것이다. 이성애라는 한국인 인기 가수의 등장은 "가깝고도 먼 나라" 한국을 향한 관심을 높이는 계기가 되었다. 이렇게 해서 1980년대에 걸친 '한국 붐'이 일본에서 일어났다.

## '한국 붐'의 다양한 전개

이성애의 일본 데뷔를 계기로 시작된 '한국 붐'은 음악에 그치지 않고, 1980년대 일본에서 다양한 분야로 확대되었다. 한국에 대한 관심이 일본 사회에서 높아지면서, 한국을 여행하며 직접 한국을 경험하려는 일본 청년들이 등장하기 시작했다.

"어둡고 답답한 독재 국가"라는 당시 일본인들의 한국 이미지와 다른, 직접 본 한국의 모습을 기록한 세키카와 나쓰오(関川夏央)의 여행 르포집 『서울의 연습장: 다른 문화로의 투시 노트』가 1984년 일본에서 출간되었다. 같은 해에 NHK의 한국어 학습 프로그램 〈안녕하십니까, 한글 강좌〉가 방송을 시작했고, 한국의 사회, 역사, 문화를 소개하는 『조선·한국을 알 수 있는 책(朝鮮·韓国を知る本)』이 출간되었다. 또한, 배낭여행자들이 이용하는 여행 가이드북 『지구의 걷는 길(地球の歩き方)』에 1986년 한국 편이 등장했다. 이것도 역시 한국을 직접 경험하고자 하는 일본인의 요구에 부응한 것이었다.

1988년에 서울 올림픽 개최가 결정되면서 일본에서 한국에 대한 관심이 더욱 높아졌고, 그 대상이 언어, 사회, 문화에까지 확산되었다. 70년대까지 일본 사회에서는 한국에 관심을 보이는 사람들이 드물었다. 일본인들은 국교 정상화부터 20년 가까이 지난 이 시점에 와서야 이웃 나라 한국에 대해 적극적으로 알고자 하는 자세를 보이기 시작한 것이다. 그리고 이러한 관심에 부응하는 잡지의 특집호가 등장했다.

## 헤이본 판치의 '한 권 통째로 한국 특집'

일본 사회의 한국에 대한 관심이 높아진 것을 반영하여, 젊은 남성들을 위한 잡지 『헤이본 판치(平凡パンチ)』는 1985년 신춘 합병 특별호의 주제를 '한 권 통째로 한국 특집'으로 정했다. 이에 대해 "한국을 소비의 대상으로 보고 있다"라는 비판이 한국에서 제기되었다.

한편, 당시 한국을 젊은이의 시각에서 대대적으로 소개하는 잡지가 없었으니, 이것이 한국의 다양한 모습을 접하고자 하는 일본 젊은이들의 관심에 부응하며 한국에 대한 그들의 인식을 변화시키는 계기가 되었다고 할 수 있다. 표지에서 한국을 "멋지다"라고 표현한 이 특집호는 한국에 대한 일본 사회의 편견을 깨뜨리는 내용이었다. 서두의 컬러 페이지에서는 당시의 디스코 붐을 반영하여 "아시아 최강의 디스코 클럽은 지금 서울에 있다"라며 사진과 함께 서울의 멤버십 클럽 자나두(XANADU)를 소개하고 있다. 처음부터 당시 일본인들이 갖고 있던 한국의 이미지를 뒤엎는 기사이다. 또한, "한국과 서울에 관한 보도가 지금까지 편향된 것이 아니었나 하는 의문이 현지에 가본 취재팀의 첫인상이었다"라고 하면서, 이전의 보도가 틀린 것은 아니라도 한국의 단면만 본 게 아니었는지 문제를 제기했다. 그런 다음 치안이 좋은 점을 강조하면서 고층 빌딩이 늘어선 서울의 거리 풍경을 사진과 함께 소개한다. 그리고 서울에서 구입한 패션을 입고 한글로 쓰인 세련된 영화 광고 간판 앞에서 남성 모델이 포즈를 취하고 있다. 서울을 '미래 도시', '패션 도시'라고 부르며, 독자들의 한국 이미지를 더욱 뒤엎는다. 아직 미군 기지가 있었던 당시 이태원에서의 밤놀이 르포도 있다.

그 외에도 미국과 일본 등 해외에서 높은 평가를 받았던 한국인 예술가 백남준의 인터뷰를 실어, 한국의 전위 예술을 소개하고 있다. 1932년생인 그는 도쿄대학을 졸업했기 때문에, 일본어로 인터뷰를 할 수 있었다. 이 외에도 판문점 르포나 한국 프로야구, 대학 입시나 병역 등 한국 청년들의 고뇌, 올림픽 경기장과 한국산 자동차 및 오토바이 소개, 연극 리포트, 특급 새마을호 탑승 체험, 부산 관광 등 다양한 한국 관련 기사가 풍성하게 실려 있다.

## 매춘 관광에 대한 비판

한편, 당시 일본의 남성 잡지에서는 흔히 볼 수 있었던 섹시 기사도 게재되어 있다. 당시 전두환 정권의 3S 정책에 따라 포르노 영화가 유통되었지만, 이를 소개하는 기사가 있다. 또한 서울에서 혼자 사는 여대생의 방을 방문하는 기사나 한국인 여성 모델의 섹시 사진도 있다.

또한 "한국 여성들의 다리는 정말 예쁘다"라는 제목으로, 한국 여성들의 체형을 성적인 시선으로 묘사한 기사도 볼 수 있다. 이러한 기사들은 한국 여성들을 성적 소비 대상으로 삼은 기사라고 비판받아도 할 말이 없을 것이다. 그러나 그와 동시에 당시 일본인 중년 남성들이 벌이던 한국으로의 매춘 관광 '기생 관광'을 강력하게 비판하는 글도 실려 있다. 「기생 관광을 걷어차라! 서울의 거울에는 일본인의 성욕이 비치고 있다」라는 제목의 기사이다.

기사에 따르면, 당시 방한 일본인 관광객은 50만 명 대였으며 그중 약 90% 이상이 남성이고, 그중 약 80%가 '아저씨'였다고 한다. 그리고 이 불균형한 성별·연령 구성 자체가 기생 관광이라는 당시 한일관계의 한 단면을 웅변적으로 말해주고 있다고 주장한다. 기사는 독자들에게 기생 관광이 한국인들의 눈에 "어떻게 보일 것인가"를 묻는다. 또한 기생 관광을 마치고 귀국한 남성들이 그 "모험담"을 떠벌림으로써 일본 여성들의 한국에 대한 이미지를 그릇되게 만든다며, "이 악순환이 한국을 점점 일본이 친하게 지내야 할 친구의 자리에서 멀어지게 했다"라고도 지적한다. 그리고 "한국의 일본 내에서의 위상에 먹칠을 한 것은 솔직히 말해, 중년 남성들의 더러운 성욕 때문"이라고 강하게 비판한다. 기사에 있는 사진의 캡션에는 "돈에 의지해 노는 것은 이제 그만하자"라고 쓰여 있고, "사랑은 얼마든지 거리에서 굴러다니고 있다"라며 돈을 매개로 하지 않는 한국 여성과의 연애를 지향하고 있다.

일반 한국 여성에 대한 또 다른 인터뷰 기사에서도, 여성이 일본에 관해 이야기하는 가운데 "관광 오는 사람들의 동기는 불순한 것이 많죠."라고 발언한 것을 받아 "우리는 젊고, 아저씨들과는 다른 새로운 커뮤니케이션을 실현해서, 그녀들의 일본관을 더더욱 좋게 만들고 싶다"라는 말로 마무리한다. 경제력으로 일본이 한국을 압도하는 불균형한 한일관계를 남녀 관계에 비유하면서, 기성세대인 '아저씨'를 비판하고, 이에 대체할 새로운 한일관계를 모색하는 당시 일본 청년들의 모습을 엿볼 수 있다. '한국 붐'으로 인해 일본인이 한국을 접할 기회가 늘어나면서, 이처럼 새로운 한일관계를 모색하는 계기가 되었다.

## 한국 붐과 '한일 신시대'

80년대에 절정을 맞은 '한국 붐'에는 정치적인 한일관계의 동향도 영향을 미쳤다. 80년대에는 일본, 미국, 그리고 한국에서 반공 성향이 강한 정권이 들어섰다. 즉, 일본의 나카소네 야스히로(中曽根康弘) 정권, 미국의 로널드 레이건 정권, 그리고 한국의 전두환 정권이다. 이들 정권은 신냉전이라 불리던 당시의 국제 정세 속에서 관계를 강화해 나갔다.

일본에서 나카소네 이전의 총리였던 스즈키 젠코(鈴木善幸)가 자민당 내에서는 온건파였기 때문에, 한국의 전두환 정권이 요구했던 '안보 관련 경제 협력'에 대해 난색을 드러내 왔다. 그러나 1982년에 출범한 나카소네 정권은 공산주의에 맞서기 위해 한국과 관계를 강화하는 길을 선택했다. 나카소네는 우선 스즈키 정권 시절 일본의 역사 교과서 기술 문제 등으로 악화한 한일관계를 개선하기 위해, 1983년 연초에 일본의 총리로서 처음으로 한국을 공식 방문하여 한일 정상 간의 관계를 깊게 만들었다. 당시 미국의 레이건 정권은 한일 양국에 지역 안보의 역할 분담을 요구하고 있었다. 나카소네의 이러한 자세는 레이건 정권의 의도에 부합하는 것이었다. 나카소네는 한국 방문 후에 한일 협력의 진전을 '성과'로 삼아 미국을 방문하여 레이건 대통령과 정상 회담을 가졌다. 안보상의 이유로 한일관계를 중시했던 나카소네는 1965년 한일 조약에서 명시되지 않았던 과거사 청산에 대해 제한적으로 언급하기 시작했다.

처음 한국을 방문했을 때 나카소네는 한국 측 주최의 만찬에서 한국어로 인사를 하면서 "과거에 불행한 역사가 있었다는 것은 사실이며, 이를 엄숙하게 받아들여야 한다"라고 표명했다. 그다음 해인 1984년에 전두환이 일본을 방문했을 때, 쇼와 천황(히로히토)은 "양국 사이에 불행한 과거가 있었던 것은 매우 유감이다"라고 전했다.

일본에서 한국 민주화 운동에 연대하는 단체나 개인들로부터 군부 독재 정권과의 관계 강화를 비판하는 목소리가 나왔다. 그러나 주요 일본 언론은 전두환을 군부 독재의 수장으로 비판하기보다는, 일본과의 '선린우호' 관계를 강화하려는 이웃 나라의 국가 원수로 긍정적으로 보도했다.

한국에서는 나카소네 총리 등의 발언이 사죄의 말로는 부족하다고 비판을 받았지만, 군부 독재에 의한 통제하에서 각 언론은 새로운 한일관계를 개척하는 전두환의 외교적 성과로 보도했다. 따라서 한일관계는 새로운 단계에 접어들었다고 여겨졌고, '한일 신시대'의 기치가 걸렸다. 여러 문제를 안고 있는 '한일 신시대'였지만, 그 과정에서 '민간 교류 지원'과 '차세대를 이끌 청소년 교류의 촉진'이 강조되었다. 양국 정부의 의도와 별개로, 이를 계기로 사회적 수준에서 한일 교류가 진전되었다는 측면도 있었다. 이것이 70년대 말부터 시작된 '한국 붐'을 촉진하는 결과를 가져왔다.

## 한국 민주화의 진전과 "한국 붐"

일본에서의 '한국 붐'을 더욱 진전시키게 된 것은 한국의 민주화였다. 1987년부터의 민주화는 88년 서울 올림픽과 더불어, 기존의 한국 이미지를 변화시켰다. 민주화 과정에서 한국의 지방자치가 실현되었고, 일본의 다케시타 노보루(竹下登) 정권이 1987년에 제시한 '지방자치단체 국제교류 지침'에서 보통교부세를 통한 국제 교류 지원이 반영되면서 한일 자치단체 간 교류가 활발히 추진되었다. 이를 통해 한국과 접촉 기회가 증가하고, 일본 지방에서도 한국을 향한 관심이 높아지게 되었다.

또한, 그동안 제한되었던 한국인의 해외여행이 민주화로 인해 자유화되면서 이웃 나라 일본을 방문하는 한국인 관광객이 증가했고, 일본에서도 민주화된 한국의 모습에 관심을 가지고 한국을 방문하는 일본인들이 늘어났다. 또한 이 시기에 김치나 나물이 일본의 일반 가정 식탁에 오르기 시작하면서, 그간 친숙하지 않았던 한국의 식문화를 접할 기회가 되었다. 이렇게 해서, 일본의 한국에 대한 인식은 긍정적으로 변했다. 일본의 총리부(현 내각부)가 실시하는 '외교 부문 여론 조사'에서 "한국에 친근감을 느낀다"라고 답한 사람의 비율이 민주화 선언의 다음 해인 1988년에 50.9%로 당시의 최고치를 기록하며, 처음으로 "친근감을 느끼지 않는다"라는 대답 42.8%를 웃돌았다.

한국의 민주화로 인해 시민 간의 거리가 좁아지고, 한일 교류는 더욱 진전되었다. 이러한 정치적·사회적 환경의 변화도 있어, 일본의 "한국 붐"은 마침내 절정에 이르렀다. 이를 상징하는 예로는 80년대 후반에 일본을 대표하는 연말 가요 프로그램인 〈NHK 홍백가합전〉에 한국의 여러 가수가 잇따라 출연한 것이었다.

## 3. ‘한국 하면 엔카?’: 조용필·김연자의 홍백가합전 출연

×÷×

### 엔카의 원류는 한국?

1980년대 후반, 한국 가수들은 기본적으로 엔카 가수로서 홍백가합전에 출연했다. 일본에서 아이돌 전성시대가 되었던 80년대, 한국에서도 아이돌 그룹 소방차가 등장하는 등 팝 음악이 활발해지고 있었다. 그런데도 당시 홍백가합전에 출연한 한국 가수들은 왜 엔카 가수였을까? 이 대답에 앞서 이성애가 일본에서 활동하던 시기로 돌아가 보자. 록이나 포크 송이 우세해지고 아이돌 가수도 등장한 70년대 일본에서, 한국에서 온 20대 가수는 일본인의 향수를 자극하는 엔카 가수로 받아들여졌다. 이성애의 등장으로, 일본에서 “엔카의 원류는 한국”이라는 담론이 등장했다. 이성애가 일본에서 처음 발표한 앨범 「열창」의 캐치프레이즈 “엔카의 원류를 탐구하다”가 그 직접적인 계기가 되었다. 당시 이성애의 프로모션을 담당했던 오카노 벤(岡野弁) 등은 화제를 만들기 위한 홍보용 문구로만 생각하고 있었다. 하지만 이 문구를 본 사람들에 의해 "엔카의 원류는 한국"이라는 말이 퍼지기 시작했다. 더 나아가 "조선에 살았던 고가 마사오가 가야금의 음색에 영향을 받았다"라는 속설까지 나타났다.

하지만 1장에서 보았듯이 한국의 대중음악은 일본의 식민지 지배 아래에서 일본 음반 회사의 조선 진출을 통해 일본의 유행가의 영향을 받으며 형성된 것이었다. 그 때문에, 이러한 담론은 한국과 재일 한국인 논자들로부터 비판을 받았고, 현재는 근거 없는 것으로 여겨지고 있다.

한편 이러한 논쟁을 일으킨 것 자체가 한국에서 온 이성애가 부른 일본어 엔카가 일본인에게 큰 충격을 주었다는 증거일 것이다. "엔카의 원류는 한국"이라는 담론이 마치 사실처럼 이야기될 만큼, 이성애의 노래는 일본인의 마음에 깊이 울렸다. 이처럼 "한국 하면 엔카"라는 이미지가 이후 일본 사회에서 공유되기 시작했다.

1995년부터 한국 음악을 즐겨온 내 경험에 비추어 볼 때, 90년대 당시 "한국 음악을 자주 듣는다"라고 말하면 "엔카를 좋아하느냐"는 반응이 돌아온 것이 한두 번이 아니었다. 이성애의 일본 데뷔로 인해 형성된 "한국 하면 엔카"라는 이미지는 80년대를 지나 90년대에도 일본에서 계속 살아남은 것이다.

## '아시아 = 엔카'인가?

한편, 70년대에는 한국 출신의 이성애 외에도 주변 아시아 지역에서 일본에 와서 데뷔해 인기를 끈 가수들이 여러 명 있었다. 대만의 오우양페이페이(歐陽菲菲)와 덩리쥔(鄧麗君/テレサ・テン), 그리고 홍콩 출신의 아그네스 찬(アグネス・チャン)이다.

오우양페이페이는 1967년에 대만에서 데뷔하고, 1971년 일본에서 데뷔했다. 일본 데뷔곡 「아메노 미도스지(雨の御堂筋)」는 더 벤처스가 작곡한 곡이었다. 이 곡은 미나미 사오리(南沙織), 앤 루이스(アン・ルイス), 나카모리 아키나(中森明菜) 등이 일본에서 커버했지만, 엔카는 아니었다. 이 곡으로 오리콘 차트 9주 연속 1위를 차지하면서, 오우양페이페이는 중화권뿐 아니라 일본에서도 인기 가수가 되었다. 1972년에는 홍백가합전에 출연했다. 더 나아가 80년대에는 대표곡 「러브 이즈 오버(Love is Over)」로 롱 셀러를 기록했지만, 오우양페이페이는 엔카 가수가 아닌 분명히 팝 가수로 일본에서 받아들여졌다. 또한 덩리쥔(鄧麗君)은 홍콩 외에도 화교가 많이 사는 싱가포르, 말레이시아, 태국 등에서도 인기를 끌며 "아시아의 가희(歌姬)"로 불렸다. 1974년에 아이돌 가요로 일본에 데뷔했지만, 그리 성공하지는 못했다. 그래서 다음 작품인 「공항」에서 엔카 노선으로 변경했다. 그 전략이 성공하여 1974년 일본 레코드 대상에서 신인상을 수상하며 인기 가수의 반열에 올랐다.

한편, 홍콩 출신인 아그네스 찬은 1972년 「히나게시노 하나

(ひなげしの花)」로 일본에서 데뷔하여 단숨에 스타가 되었다. 그는 데뷔 이래 일관되게 아이돌 노선으로 가수 활동을 했다. 이처럼, 일본에서는 덩리쥔이 주로 엔카·가요 노선이었던 반면, 오우양 페이페이는 팝 가수, 아그네스 찬은 아이돌로 활동하고 있었으며, 당시 일본인의 이미지가 반드시 "아시아하면 엔카"는 아니었다는 것을 알 수 있다.

## 1989년 NHK홍백가합전

이에 반해, 한국에 대해서는 '엔카'의 이미지가 정착되어 있었다. 이와 같은 일본 사회에서의 한국 음악에 대한 이미지에 부응하듯, '한국 붐'이 한창이었던 1980년대에는 엔카 가수로 일본에 데뷔하는 한국 가수들이 있었다. 그 대표가 조용필, 김연자, 계은숙 세 사람이다. 그들은 일본에서 버블 경제가 절정에 달했던 1989년, NHK 홍백가합전에 패티킴과 함께 출연했다. 홍조 세 팀, 백조 한 팀의 총 네 팀의 한국 가수가 출연하는 것은 2022년 말 시점에서 이때가 유일했다. 이와 비슷한 규모로 한국 가수가 홍백가합전에 출연하는 것을 보려면, K팝 붐이 한창이던 2011년에 동방신기, 소녀시대, 카라 세 팀이 출연한 2011년의 홍백가합전을 기다려야 했다.

K팝 붐을 능가하는 규모로 한국 가수들이 대거 출연한 1989년 홍백가합전은 1951년에 시작된 프로그램 역사상 매우 이례적이었다고 할 수가 있다. 그만큼 당시 일본 가요계에서 그들이 주

목받고 있었다는 것을 의미한다. 80년대 일본에서 활약한 그들이 "한국인이 부르는 엔카"의 전성기를 구축한 것이다. 그러면, 그들은 어떻게 일본에 진출하게 되었을까? 그 개요를 살펴보자.

## 한국에서의 조용필

조용필은 이 세 사람 중 가장 일본에서 유명해진 가수로, 1950년생으로 가장 연장자이다. 그는 고등학교 졸업 후인 1968년에 음악 활동을 시작했다. 1969년에는 '애트킨즈'라는 컨드리 그룹에서 리더를 맡으며 기타를 담당했고, '화이브 핑거스'를 결성해 미군 기지의 무대에서 활동했다. 이때 조용필은 트로트 가수가 아니었다는 것은 말할 필요도 없다. 또한 1971년에는 3인조 '김 트리오'로 록 음악을 본격적으로 시작했다. '김 트리오'의 활동을 통해 점차 두각을 나타내었고, 1972년에는 '선데이 서울컵 팝 그룹 콘테스트'에서 최우수상을 수상했으며, KBS 라디오 드라마의 주제가 「돌아오지 않는 강」을 부르는 등 가수로서 활동의 폭을 넓혀 갔다.

1973년부터는 병역 의무를 수행하면서 근무 시간 후에 음악 활동을 계속했다. 그 후 1975년에 조용필은 솔로 가수가 되었다. 다음 해인 1976년에는 트로트 곡 「돌아와요 부산항에」가 히트하며 약 30만 장의 매출을 기록했다. 이를 통해 조용필은 한국에서 단숨에 인기 가수의 반열에 올랐다.

1979년에는 록 그룹 '위대한 탄생'을 결성하여 솔로 활동을 병행하면서 한국에서 본격적으로 음악 활동을 전개했다. 이렇게 그는 70년대 남진과 나훈아에 이어, 80년대를 대표하는 차세대 남성 가수로서 인기를 얻었다. 조용필에게는 '오빠 부대'라고 불리는 열성적인 여성 팬들이 있을 정도로, 젊은 여성들 사이에서 큰 인기를 끌었다. 이처럼 한국에서 조용필은 컨트리나 록과 같은 팝 음악을 다루며, 젊은 여성들에게 인기가 많은 스타였다. 「돌아와요 부산항에」는 히트곡이었지만, 그가 추구했던 음악 장르로는 오히려 예외적이었다. 적어도 한국에서 조용필은 전형적인 트로트 가수가 아니었다.

## 조용필의 일본 데뷔

한국에서 인기 가수가 된 조용필은 1982년에 CBS 소니를 통해 일본 데뷔를 이루었다. 조용필은 '한국 붐'의 견인차 역할을 하며 일본어 버전의 「돌아와요 부산항에(釜山港へ帰れ)」를 히트시켜 일본에서도 인기 가수가 되었다. 1986년에는 「추억의 미아(想い出迷子)」를 히트시키는 등 80년대 내내 인기를 얻었다. 그리고 마침내 1987년 연말에는 한국 가수로서 처음으로 NHK 홍백가합전에 출연해 1984년 일본에서 발표된 적 있는 「창밖의 여자(窓の外の女)」를 선보였다.

앞의 두 곡은 일본에서 조용필의 대표곡이 되었다. 「돌아와요 부산항에」는 원래 한국의 트로트 곡으로, 일본에서는 엔카로 받아들여졌다. 한편, 「추억의 미아」도 아라키 토요히사(荒木とよ

ひさ)의 작사, 미키 히로시(三木ひろし)의 작곡으로 만들어진 엔카 곡이었다. 홍백가합전 첫 출연 때 부른 「창밖의 여자」 역시 엔카 풍 가요였다.

록 그룹 '위대한 탄생'을 이끌며 젊은 여성들에게 인기를 끌었던 그의 모습은 일본에서는 전혀 느껴지지 않았다. 일본에서의 조용필은 틀림없이 엔카 가수였고, 주요 팬층은 중년 남성이었다. 같은 조용필이라는 가수가 장르와 팬층에서 한일 양국에서 크게 달랐던 것이다.

## 엔카 가수로서의 조용필

한일 양국에서 이미지 차이가 큰 이유로 다음 두 가지를 생각해 볼 수 있다. 첫째는, 조용필의 곡을 초기부터 적극적으로 받아들인 사람들이 재일 한국인 1세들이었다는 점이다. 1980년대 초반에는 전후 40년을 앞두고 그들이 고령화되고 있었다. 한반도에서 태어나 일본에 건너온 재일 한국인 1세들은 멀리 떨어져 사는 조국이나 고향을 한국에서 유입되는 한국어 대중음악을 통해 느껴왔다. 그들이 즐겨 듣던 음악 장르는 록이나 포크 송이 아니라, 식민지 시기 대중음악의 흐름을 이어받은, 향수를 자극하는 트로트였다. 그 가운데, 조용필이 부른 트로트 「돌아와요 부산항에」의 가사는 재일 한국인 1세의 마음을 뒤흔드는 내용이었다.

일제 식민지 시기, 한반도에서 일본으로 건너올 때 주로 부산항에서 배를 타는 경로가 이용되었다. 그리고 비행기 이용이 일반화되기 전에 조국을 방문할 때도 배로 부산항을 통해 입국하는 것이 일반적이었다. 그래서 부산항은 조국을 떠나 나이를 먹어온 재일 한국인 1세에게 특별한 의미를 띤 장소였다.

한국어 가사 역시 부산항을 떠난 뒤 돌아오지 않는 형제를 슬픈 마음으로 부산항에서 기다리고 있다는 내용이다. 재일 한국인 1세에게 그 가사는 조국에 남겨둔 부모나 형제를 떠올리게 했다. 그들을 통해 「돌아와요 부산항에」는 일본 사회에 퍼지게 되었고, 마침내 일본인들도 주목하게 되었다. 이렇게 해서 일본에서의 조용필은 고령화된 재일 한국인 1세의 조국과 고향을 그리워하는 마음에 트로트와 엔카를 통해 다가드는 가수로서 받아들여졌다. 조용필 자신도 라이브 공연 등을 통해 그들과 교류하며, 이러한 자신의 위치를 잘 이해하고 있었을 것으로 생각된다. 그래서 조용필은 일본에서 엔카 가수일 수밖에 없었다.

일본에서 조용필이 엔카 가수로 받아들인 또 다른 이유는 그의 음악이 수용된 형태에 있다. 즉 유흥업소 등에 설치된 가라오케에서 그의 노래가 불려지면서 일본 사회에 널리 퍼졌다는 것이다. 따라서 조용필의 곡은 주로 중년 남성들에 의해 소비되었으며, 그들이 한국 가수 조용필에게 기대했던 것은 팝 음악이 아니라, 당시 가라오케 문화에서 선호되었던 엔카였다.

이성애 이후의 흐름이 조용필을 엔카 가수로 만든 것이다. 재일 한국인 1세의 마음을 흔들었던 그의 노랫말은 일본어 버전이 제작될 때 가라오케에서 선호되는 남녀의 사랑을 주제로 바뀌었고, 부산항에서 한결같이 남자를 기다리는 여자의 노래가 되었다. 당시 일본에서의 한국 가요 소비 패턴에 맞추려는 결과로, 조용필은 한국에서의 "젊은 여성들에게 인기가 많은 팝 가수"라는 면모를 감추고, 엔카 가수의 길을 걷게 된 것이다.

## 조용필의 홍백가합전 출연

일본에서 엔카 가수로서 성공한 조용필은 마침내 1987년 홍백가합전에 첫 출연을 이루었다. 조용필이 「창밖의 여자」를 부르기 전 MC 가야마 유조(加山雄三)는 "조용필 씨는 한국 민요로 목을 단련하고 비틀즈의 영향을 받아 가수가 되었다"라고 소개했다. 또한 이때 조용필의 옆에는 친분이 깊었던 일본 가수 다니무라 신지(谷村新司)가 함께 있었다. 다니무라는 조용필을 "지금, 한국이 세계에 자랑하는 슈퍼스타"라고 찬사를 보냈다. 그러나, 한국에서 그가 어떤 가수인지에 대해서는 구체적으로 언급되지 않았다. "비틀즈의 영향을 받아" 엔카 가수가 되었다는, 돌이켜 보면 맥락이 맞지 않는 소개에 이어, 조용필이 일본어로 엔카를 부르는 모습이 일본 전역에 방영되었다.

그 후 조용필은 1990년까지 4년 연속으로 홍백가합전에 출연했다. 두 번째 출연이었던 1988년에는 한복을 입고, 스스로 발굴한 한국의 오래된 민요인 「한오백년」을 한국어로 불렀다. 서울 올림픽이 개최된 그해, 한국의 전통문화에 대한 일본 사회의 관심을 더욱 자극했다.

네 팀의 한국 가수가 출연한 1989년에는 「Q」를 한국어와 일본어로 선보였다. 사회자는 조용필을 "한국의 톱스타"라고 소개했다.

「Q」는 가요곡이지만 엔카는 아니었다. 1절을 한국어로, 2절을 일본어로 불렀다. 일본 시청자들에게는 엔카 가수와는 다른 그의 모습을 알릴 기회였다. 그러나 이 시기가 되자 일본에서 J팝이 대두하고, J팝으로 분류되지 않는 기존의 가요곡은 모두 엔카와 혼동되기 시작했다. 이와 같은 일본 대중음악을 둘러싼 환경 변화도 있어, 이후에도 조용필이 엔카 가수라는 이미지는 변하지 않았다.

1990년에는 일본에서 가장 알려진 조용필의 대표곡 「돌아와요 부산항에」를 열창했다. 일본인들이 많이 아는 엔카를 가지고, 조용필의 홍백가합전 4년 연속 출연은 막을 내렸다. 일본에서 성공을 거둔 조용필은, 이후 한국을 대표하는 가수로서 중국 베이징, 북한 평양을 포함한 각지에서 공연을 펼쳤다.

## 김연자의 일본 데뷔

1980년대 일본에서 조용필이 한국 남성 가수의 대표였다면, 여성 가수 대표는 김연자였다. 1959년생인 김연자는 TV 신인 오디션 프로그램에서 우승하며 1974년 한국에서 데뷔했다. 1977년에는 일본에서도 데뷔했지만, 초기에는 한일 양국 모두에서 성공하지 못했다. 1981년에 한국에서 발표한 트로트 메들리 앨범 『노래의 꽃다발』의 히트로 가수로서 성공을 거두게 되었다. 이 앨범은 한국에서 360만 장이라는 전례 없는 매출을 기록하며, 단숨에 트로트 스타로 떠올랐다. 이후 전통적인 트로트를 부르며 한국 사람들에게 많은 사랑을 받았다.

한국 트로트계를 압도하던 김연자의 인기는 '한국 붐'이 도래한 일본에서도 알려졌다. 그 결과, 1984년에 도쿄 NHK홀에서 콘서트가 열렸고, 그 콘서트 음반이 한일 양국에서 동시에 발매되었다. 점차 일본 사회에서 주목받기 시작한 김연자는 1988년 서울 올림픽 찬가 「아침의 나라에서」의 일본어 버전을 발표하며 일본에서의 활동을 본격화했다. 1989년에는 홍백가합전에 출연해 이 곡의 한일 버전을 모두 선보였다. 그와 함께 화려한 한복을 입은 무용단이 무대를 장식했다. 이 외에도 「암야항로(暗夜航路, 1989년)」, 「주산 호의 눈노래(十三湖の雪うた, 1990년)」, 「뜨거운 강(熱い河, 1996년)」 등 일본에서 히트곡을 연이어 발표했다.

한국 가요가 사랑받던 80년대 후반 일본에서 '한국 가요=엔카'라는 이미지에 잘 맞는 트로트 가수 김연자는 인기 가수의 반열에 올랐다. 김연자 또한 일본에서의 성공으로 한국을 대표하는 가수로 인식되게 되었다. 2001년에는 당시 김정일 국방위원장의 공식 초청으로 평양 공연을 하기도 했다.

## 한국의 아이돌 계은숙, 엔카 가수로

1980년대 일본에서 엔카 가수로 활약한 한국 가수를 말할 때, 계은숙도 빼놓을 수 없을 것이다. 계은숙은 고등학교 재학 중이던

1977년에 모델로 활동을 시작했으며, 1979년 「노래하며 춤추며」로 데뷔했다. 일본에서 엔카 가수로 알려진 계은숙이지만, 데뷔곡은 트로트가 아닌 팝 음악이었다. 모델 출신이라 오늘날의 분류로 보면 아이돌 노선이었다고 할 수 있다.

데뷔 다음 해인 1980년에 발표한 「기다리는 여심」이 히트하며 'MBC 10대 가수가요제'에서 신인상을 수상하며 인기 가수로 떠올랐다. 계은숙을 일본에서 엔카 가수로 성장시킨 작곡가가 하마 케이스케(浜圭介)이다. 하마는 일본에 온 계은숙을 트레이닝하여, 1985년 엔카 「오사카의 황혼(大阪慕色)」으로 데뷔하게 했다. 엔카 리듬에 맞춰 오사카의 환락가인 기타신치(北新地)의 여성이 한결같이 사랑하는 마음을 그린 「오사카의 황혼」은 유흥업소 가라오케에서 사랑받은 당시 한국 가요의 소비 형태와 잘 맞아떨어진 덕분에 공전의 히트를 쳤다.

하마가 기대했던 대로 계은숙은 일본에서도 인기 가수가 되었다. 그다음에도 히트를 연달아 터뜨리며, 1987년에는 하마 케이스케와 듀엣으로 「북공항(北空港)」을 발표했다. 그리고 마침내, 1988년 일본 네 번째 싱글 「유메 온나(夢おんな)」로 '일본유선대상' 그랑프리(대상) 수상이라는 쾌거를 이루었다. 또한 같은 해 홍백가합전에도 처음 출연하여, 그 후 1994년까지 7년 연속 출연했다. 이는 2024년 기준으로 한국 가수 중 최다 연속 출연 기록이다.

## '한국인이 부르는 엔카' 붐의 의의

계은숙이 마지막으로 홍백가합전에 출연한 1994년경, 엔카나 가요곡 대신 J팝이 일본 대중음악의 주류를 차지하게 되었다. 또한 노래방의 보급으로 가라오케 문화의 중심이 중년 남성에서 10~20대로 바꿨다. 이와 같은 변화로, 70년대 후반 이성애의 일본 데뷔로 시작된 한국인이 부르는 엔카 붐은 조용히 막을 내리게 되었다. 이는 동시에 일본에서 엔카의 시대가 끝나고, 새로운 시대를 맞이하고 있었음을 의미했다.

한편 한국에서도 1990년대에 들어서면서 힙합 음악이 활발해지고, 대중음악은 크게 변화하기 시작했다. 80년대의 한국인이 부르는 엔카 붐은 음악 장르나 팬층에 있어서 현재의 K팝과 크게 다르지만, 일본에서 K팝 수용의 선구자로서의 의미는 작지 않다. 이 붐은 일본의 소비자에게도 음악 업계에게도 한국 가수에 대한 친근감과 신뢰를 만들었고, 21세기의 한류 붐, 그리고 K팝 수용을 위한 역사적 기초가 되었을 것이다. 다음 장에서는 1990년대 한국 대중음악에 일어난 큰 변화, 그리고 그로부터 K팝이 탄생하고 발전해 가는 과정과 그 사회적 배경에 대해 살펴보고자 한다.

# 3장

## K팝 탄생과 탈국경: 민주화·인터넷 사회·한류

# 1. 싸우는 대중음악: 힙합의 발흥과 서태지와 아이들

×✛×

## 힙합의 발흥

1980년대 말부터 1990년대에 걸쳐 세계 음악계에서 급격히 영향력을 확대해 나간 음악이 힙합이다. 힙합은 랩을 비롯해, 샘플링한 음원을 겹치는 DJ, 브레이크댄스, 그리고 지하철 낙서에서 유래한 그래피티라는 네 가지 요소를 포괄하는 문화이다. 힙합은 1970년대 뉴욕의 할렘과 사우스 브롱크스 같은 게토에 사는 가난한 흑인과 히스패닉계 젊은이들이 만든 음악이다. 이들은 가난으로 인해 디스코 같은 비싼 장소에 갈 수 없어서, 거리나 공원에서 야외 DJ 파티를 열었다. 그곳에서 DJ나 춤 솜씨를 겨루는 과정에서 형성된 거리의 음악이 바로 힙합이다. '올드 스쿨'로 불리는 초기 힙합은 주로 지역의 흑인 사회에서 인기를 끌었다. 그 시절 힙합은 일상이나 지역적 이슈를 다룬 것이 많았고, 처음부터 정치적 또는 사회적 메시지를 강조하는 음악은 아니었다.

1980년대 중반에 이르러, 런 DMC가 등장하면서 상업적으로 큰 성공을 거두었다. 런 DMC는 1986년 하드 록 밴드 에어로스미스(Aerosmith)와 협업하여 록과 힙합을 융합한 곡 「워크 디스 웨이(Walk This Way)」를 발표했다. 이 획기적인 시도로 인해 힙합을 받아들이는 층이 크게 넓어졌고, 거리에서 탄생한 힙합은 마침내 주요 음악 장르로 대중들에게 널리 알려지기 시작했다. 인기가 퍼져 나가면서 힙합은 단순한 음악 장르를 넘어서 아티스트들의 헤어스타일과 패션까지도 젊은이들의 주목을 받게 되었다.

## 힙합의 황금기와 사회적 메시지

런 DMC의 앨범 『래이징 헬(Raising Hell)』(1986년)에 수록된 「워크 디스 웨이」의 대히트를 계기로, 1980년대 후반에 이르러 힙합은 황금기로 접어들어 1990년대 초반까지 계속되었다. 1980년대 후반 뉴욕에서 흑인으로서의 자부심과 정체성을 강조하며, 정치적 메시지를 전면에 내건 랩 음악이 등장했다. 그 대표적인 예로는 퍼블릭 에너미와 부기 다운 프로덕션이 있다.

부기 다운 프로덕션의 멤버 KRS-One[9]의 작품은 더욱 강한 정치적 메시지로 유명한데, 그는 폭력에 반대하는 입장에서 힙합 음악과 커뮤니티에 존재하는 폭력성을 배제하고, 대신 사회적 메시지를 담으려 했다. 미국 동부 뉴욕에서 태어난 힙합은 이

---

9. "Knowledge Reigns Supreme Over Nearly Everyone"의 약자이며, 본명은 로렌스 크리스 파커(1965년생), 미국 래퍼이자 프로듀서.

시기에 이르러 미국 각지의 도시에서 창작되고 있었다. 이 시기에 부상한 랩 장르로 미국 서부 로스앤젤레스에서 발전한 갱스터 랩이 있다. 갱스터 랩은 1980년대 중반 뉴욕에서 이미 존재했지만, 1980년대 말 미국 서부를 거점으로 활동한 N.W.A의 앨범 『스트레이트 아웃 오브 컴턴(Straight Outta Compton)』이 대히트를 기록하며 1990년대 초반부터 급속히 인기를 얻게 되었다.

N.W.A는 'Niggaz Wit Attitudes(주장하는 흑인들)'의 약자로, 이 이름에서 알 수 있듯이, 갱스터 랩은 때때로 과격하고 폭력적인 표현을 사용하며 게토의 현실을 호소하고 사회 비판을 주제로 삼는 것이 특징이었다. N.W.A는 멤버 간의 대립으로 1990년대 초반에 해체되었지만, 전 멤버 닥터 드레가 1992년에 발표한 앨범 『더크로닉(The Chronic)』을 통해 갱스터 랩은 힙합의 주요 장르 중 하나로 자리 잡았다. 더불어, 닥터 드레가 설립한 새로운 레이블에서 스눕 독이 인기를 얻게 되면서 갱스터 랩은 전성기를 맞이했다. 강한 사회적 메시지를 담은 랩을 바탕으로 한 힙합의 황금기는 미국뿐만 아니라 전 세계로 뻗어가며 큰 주목을 받았다.

## 바비 브라운과 MC 해머

1980년대 중반, 힙합의 랩과 나란히 새로운 댄스 스타일이 미국의 흑인 음악에서 탄생했다. 그 기폭제가 된 것은 뉴 잭 스윙(New Jack Swing)의 등장이다. 뉴 잭 스윙은 뉴욕 할렘 출신의 테디 라일리가 창조한 새로운 R&B 비트로, 경쾌하게 튀는 멜로디가 특징이다. 이 춤추기 좋은 비트는 R&B를 기본으로 스윙 소울과 힙합 스타일이 결합되어 있으며, 랩과 잘 어울렸다. 그 결과, 노래와 랩을 결합한 음악이 활발하게 만들어지기 시작했다.

뉴 잭 스윙은 테디 라일리가 프로듀싱한 바비 브라운의 곡 「마이 프리라거티브(My Prerogative)」(1988년)를 통해 널리 알려졌고, 거대한 붐을 일으켰다. 그리고 뉴 잭 스윙의 경쾌한 리듬에 맞춰 '로저 래빗'과 '러닝맨' 같은 댄스 스텝이 바비 브라운의 퍼포먼스를 통해 퍼져 나갔다. 다리를 상하로 움직이며 튀듯이 춤추는 이 춤은 한국에서는 '토끼춤'으로 불렸다. 이를 통해 세계적인 댄스 붐이 일어났고, 1990년대 한국과 일본의 음악에 큰 영향을 미쳤다. 오늘날 K팝 댄스 스타일 중에는 이 시기에 탄생한 뉴 잭 스윙 춤의 응용이 적지 않다. 그만큼 그 영향은 매우 컸다.

바비 브라운과 더불어 1990년대 전후의 댄스 붐에 큰 영향을 미친 아티스트로는 MC 해머가 있다. 그 역시 새로운 스트리트 댄스 스타일을 선보이며 인기를 얻었다. 대표곡 「유 캔트 터치 디스(U Can't Touch This)」는 대히트를 기록했고, 한국과 일본에서도 해머의 헤어스타일과 패션, 그리고 퍼포먼스를 따라 하는 젊은이들이 등장했다. 1970년대부터 이어져 온 디스코 대신 R&B와 힙합이 결합된 새로운 음악과 댄스 시대가 도래했으며, 그 상징이 바비 브라운과 MC 해머였다.

## 한국 댄스 음악의 성지 '문나이트(Moon Night)'

힙합 문화와 '토끼춤'은 한국에서도 주목받았고, 이에 매료된 젊은이들은 서울 이태원의 클럽 '문나이트'에 모였다. 이태원에 있던 문나이트는 원래 미군 전용 클럽이었으나, 1980년대 중반에 이르러 한국인의 입장이 가능해지면서 최신 댄스 음악을 접하려는 젊은이들의 아지트가 되었다. 그렇다면 수많은 이태원의 클럽 중에서 왜 문나이트가 특별한 장소가 되었을까? 80년대 중반, 가수 인순이의 백댄서 그룹 '리듬터치'의 이성문이 한국 최초의 B보이 그룹 '스파크'를 결성하고, 문나이트를 활동 거점으로 삼았다. 이를 계기로 문나이트는 젊은이들이 모여 최신 댄스 기술을 겨루며 배우는 핫한 장소로 성장했다.

스파크의 이주노(훗날 서태지와 아이들의 멤버)와 박철우(훗날 R.ef의 멤버) 등이 백댄서로 TV에 출연하면서, 1988년에는 문나이트에서 활동하던 박남정이 댄스 가수로 본격 데뷔했다. 박남정은 "한국의 마이클 잭슨"이라고 불리며 1980년대 댄스 음악을 대표하는 가수가 되었다. 이처럼 단골들이 잇달아 활약하면서 문나이트는 한국 댄스 음악의 성지가 되었고, 그곳에서 수많은 아티스트들이 자라났다.

1990년대 한국 대중음악에 혁명을 가져온 현진영, K팝 중국 진출의 길을 연 클론의 구준엽과 강원래, YG 엔터테인먼트의 창립자 양현석, 일본에서도 유명한 JYP 엔터테인먼트의 창립자 박진영 등 1990년대 이후 한국 대중음악 발전에 크게 기여한 인물들이 문나이트에 출입했다.

현재와 같은 체계적인 연습생 제도가 없었던 당시, 문나이트는 서로 배틀을 벌이며 배우는 자율적인 댄스 인재 양성소 역할을 했다. 문나이트는 한국에 댄스 음악을 정립하고, 현재의 K팝을 탄생시키는 토대가 되었다.

## 움직이기 시작한 이수만

1989년 SM엔터테인먼트의 전신인 SM기획을 창립한 이수만은 데뷔시킬 인재를 찾기 시작했다. 이수만이 필요로 한 인재는 토끼춤을 잘 출 수 있는 가수였다. 그리하여 이수만은 당시 한국에서 최고 수준의 댄스 테크닉을 가진 젊은이들이 모인 문나이트를 주목하고, 그곳에서 스카우트에 나서기 시작했다. 그 중 발굴된 인물이 1971년생 현진영이었다. 그는 스카우트 당시 스파크의 멤버로 문나이트에서 활동하고 있었고, 이미 상당한 댄스 실력을 갖추고 김완선의 백댄서를 맡는 등 경력도 쌓아 문나이트에서 이미 인정받는 존재였다. 이미 댄서로서 완성되어 있던 현진영을 이수만은 춤추며 노래하는 댄스 가수로 만들기 위해 독특한 방법으로 훈련시켰다. 댄스 훈련을 위해 이수만은 한국인이 출입할 수 없던 이태원의 클럽에 들어갈 수 있도록 협상하여, 현진영이 그곳에서 흑인 병사들과 함께 춤추며 그들의 댄스와 리듬감을 직접 체험하고 본격적인 댄스를 배우게 했다. 당시 한국에는 댄스 트레이너가 충분히 육성되지 않았기 때문에, 현진영과 같은 실력자에게 국내에서 고급 기술을 습득시키기 위한 이수만의 아이디어였다. 또한 현진영은 댄스 경험은 풍부했지만, 프로 가수로서의 노래 경험은 부족했다. 이에 따라 달리면서 노래하는 등 격렬한 춤을 추며 노래할 수 있도록 철저히 훈련했다. 이러한 트레이닝 경험은 이후 SM엔터테인먼트 소속 아티스트들을 양성하기 위한 프로그램의 기초가 되었다. 이렇게 해서 이후 보아, 동방신기, 소녀시대 등 세계적인 아티스트들을 배출하게 될 SM에서 첫 번째 아티스트가 데뷔했다.

## 현진영의 데뷔와 SM의 위기

1990년, 현진영은 같은 문나이트에서 활동하던 구준엽과 강원래를 백댄서로 구성하여 '현진영과 와와'로 데뷔했다. 첫 번째 앨범에 수록된 힙합 곡 「슬픈 마네킹」은 노래와 춤 모두에서 큰 인기를 끌었다. 특히, 현진영은 한국 댄스 가수로서 처음으로 헤드셋 마이크를 착용하고 텔레비전에 등장하여 시청자들에게 강렬한 인상을 주었다.

1992년에 발매된 두 번째 앨범 『뉴댄스 2』에서는 타이틀 곡인 「흐린 기억 속의 그대」가 대히트를 기록하며 그의 대표곡이 되었다. 각 방송사의 가요 순위에서 KBS 5주 연속 1위, MBC 9주 연속 1위, SBS 8주 연속 1위를 기록하며 큰 인기를 얻었다. 현진영의 인기는 패션에도 영향을 미쳐 힙합 패션이 'X세대'라 불리는 당시의 한국 젊은이들에게 받아들여지는 계기가 되었다. 그의 등장은 X세대 문화가 힙합과 불가분의 관계가 되는 데 중요한 역할을 했다.

1993년에는 세 번째 앨범 『Int: World Beat And Hiphop Of New Dance 3』를 발매하며 흥행이 예상되었다. 그러나 발매 직후 히로뽕 투약 의혹으로 그가 경찰에 구속되는 사건이 발생했다. 이미 1991년에 대마초 흡입 혐의로 처벌받은 전력이 있었기에, 그는 결국 방송 출연 금지 조치를 받게 되었다. 더불어 1994년에는 다시 히로뽕 사용 혐의로 체포되었고, 이듬해에는 SM기획과의 계약이 종료되면서 1990년대 한국 대중음악계에서 완전히 사라지게 되었다. 이 같은 현진영의 마약 문제로 인해 SM기획은 현진영의 가수 활동뿐만 아니라 CD 등 관련 상품을 폐기해야 했고, 심각한 경영 위기에 직면했다. 이수만은 미국에서 귀국한 이후 순조롭게 운영해 오던 카페를 매각하는 등 다양한 노력을 통해 SM의 폐업 위기를 간신히 넘겼다. MTV에서 방송되는 것과 같은 댄스 음악을 한국에서 선보이고자 했던 이수만의 도전은 중단되었다.

## 서태지와 아이들의 데뷔

현진영이 전성기를 맞이하던 1992년, 한국에 댄스 음악을 정착시킨 혁명적인 그룹이 데뷔했다. 메인보컬 서태지와 댄서 이주노, 양현석으로 구성된 3인조 남성 댄스 그룹 '서태지와 아이들'이다. 메인보컬인 서태지는 1972년생으로, 원래 메탈 밴드 '시나위'의 베이시스트였다. 시나위 시절부터 서태지를 알고 있던 사람들은 긴 머리를 자르고 힙합 스타일의 패션으로 나타난 그의 이미지 변신에 무척 놀랐다. 서태지와 아이들에서 작사와 작곡을 포함해 음악 제작 전반을 책임진 인물은 바로 서태지였다.

댄서인 이주노는 멤버 중 가장 연장자로, 1967년생이다. 그는 고등학교를 중퇴한 후 비보이로 문나이트에서 활동했으며, 서태지와 아이들로 데뷔하기 전부터 이미 박남정 등의 백댄서로서 방송에 출연한 경험이 있었다.

1991년 멤버를 결정하는 과정에서 이주노를 추천한 사람은 서태지와 먼저 합류했던 양현석(1970년생)이었다. 양현석 역시 이주노와 마찬가지로 문나이트에서 활동했던 댄서였다. 댄스 스타일 면에서 이주노는 브레이킹과 같은 파워 무브에 강점을 지녔던 반면, 양현석은 그루브 중심의 스타일을 추구했다. 이러한 서로 다른 스타일의 융합이 서태지와 아이들의 퍼포먼스를 한층 돋보이게 했으며, 이 점이 그룹의 주요 매력으로 평가받았다.

서태지와 아이들은 힙합과 록을 융합한 곡 「난 알아요」로 데뷔했다. 이후 대성공을 거두게 될 이 곡은 격렬한 춤과 랩 중심의 독특한 스타일로 구성되었지만, 대중에게 쉽게 받아들여지지는 않았다. 이 곡이 수록된 첫 번째 앨범 『Yo! Taiji!』가 발매된 직후인 1992년 3월 14일, 그들은 MBC의 프로그램 '토요일, 토요일은 즐거워'에 첫 방송 출연을 했다.

그 후 4월 11일, MBC의 '특종 TV 연예'에서도 같은 곡을 선보였다. 이 방송에서 음악 평론가들은 "멜로디 라인이 약하다", "가사가 전달하는 메시지가 명확하지 않다", "격렬한 동작에 노래를 얹은 것 같아 아쉽다" 등의 혹평을 남겼다. 전통적인 스타일에 익숙한 이들에게 서태지와 아이들의 음악은 지나치게 혁신적으로 다가온 것이다. 하지만 '특종 TV 연예'의 프로듀서였던 송차의는 그들의 음악성에서 신선함을 발견했고, 프로그램에 지속적으로 출연하도록 했다. 이러한 노력이 이어지면서 그들은 점차 신예 아티스트로 주목받기 시작했으며, 10대를 중심으로 한 청소년들에게 폭넓게 수용되었다. 그 결과, 첫 번째 앨범의 판매량은 무려 180만 장에 달했다. 이로써 그들의 데뷔는 성공을 거두게 되었다.

## 문화 대통령

청소년들로부터 엄청난 지지를 받은 서태지와 아이들은 하나의 사회적 현상이 되었다. 그들의 행보는 전국 뉴스에서도 종종 보도될 정도였다. 서태지와 아이들의 등장은 댄스 음악을 한국 대중음악의 주요 장르 중 하나로 자리 잡게 했다. 그들의 데뷔 이후 한국 대중음악은 크게 트로트와 기존의 가요를 지칭하는 '성인가요', 젊은 성인을 대상으로 한 '발라드', 그리고 10대에서 20대에게 지지를 받는 '댄스 음악'이라는 세 가지 장르로 재편되었다.

즉 서태지와 아이들은 한국 대중음악에 새로운 장르를 정립한 것이다. 이와 함께 그룹 중심의 댄스 음악을 기반으로 하는 현재 K팝의 선구자가 되었다. 이를 통해 서태지와 아이들은 한국 음악사에 영원히 각인된 전설적인 그룹으로 기록되었다. 데뷔작에서 힙합과 록을 융합하여 성공을 거둔 그들은 두 번째 앨범 『하여가』에서 또 다른 도전을 시도했다. 앨범의 타이틀곡 「하여가」에서 한국의 전통음악인 국악을 힙합과 융합하려 한 것이다. 이 획기적인 시도는 대성공을 거두었고, 앨범은 200만 장 이상의 판매량을 기록했다.

사회적 현상이 된 서태지와 아이들의 청소년에 대한 영향력은 절대적이었다. 이러한 영향력을 반영하여 서태지는 '문화 대통령'으로 불리게 되었다. 서태지와 아이들의 음악은 미국에서 기원한 힙합이 지니고 있던 비판 정신과 정치적·사회적 메시지성을 발휘하며, 젊은 세대의 공감을 얻었다. 「교실 이데아」는 한국 학교 교육의 현실을 신랄하게 비판하는 내용을 담고 있었다. 또한, 「발해를 꿈꾸며」에서는 남북 통일을 염원하는 메시지를 노래했다.

서태지와 아이들이 노래하는 메시지의 힘을 사회에 각인시킨 곡이 바로 「컴백홈」이었다. 이 곡은 가출 청소년들에게 전하는 메시지를 담고 있었는데, 이 노래를 들은 가출 청소년들이 실제로 집으로 돌아오게 된 사건은 큰 화제가 되었다. 이 곡은 힙합이 가진 영향력을 한국 사회에 보여주었다. 앨범을 발매할 때마다 그만큼 사회적 파장을 일으킨 아티스트는 서태지와 아이들 외에는 없었다.

## 성장의 대가

서태지와 아이들이 젊은 세대의 지지를 받던 당시, 한국 사회는 민주화와 경제 성장을 이루며 겉으로는 순조로운 발전을 이어가는 듯 보였다. 1993년에는 군인 출신인 노태우에 이어 민주화 운동 지도자였던 김영삼이 대통령에 취임했다. 박정희 이후 32년간 이어졌던 군인 출신 대통령의 시대가 막을 내리고, 문민 대통령이 탄생한 것이다.

김영삼 정부 아래에서 경제는 순조롭게 성장했다. 1995년에는 1인당 국민소득이 1만 달러를 넘어섰고, 이듬해 1996년에는 경제협력개발기구(OECD)에 가입하며 염원하던 "경제 선진국"의 지위를 달성했다. 그러나 김영삼 정부 시기에는 그동안의 급속한 경제 발전의 이면에 있던 어두운 부분이 드러나는 사건들이 발생했다. 경제 발전의 그늘 속에서 농업은 점차 피폐해지고 있었으며, 여기에 농산물 시장이 개방되면서 농촌 경제는 더욱 악화되었다. 또한 대기업들은 경제 성장을 통한 이익을 극대화하기 위해 노동자들의 구조조정을 활발히 진행했다. 이에 따라 독재 정권 시절 억압받아 왔던 농민운동과 노동운동이 점차 활발해졌다.

한편 박정희 정권 이후 "속도"를 우선시하는 경제 발전 방식은 안전을 후순위로 두는 풍조를 낳았다. 그 결과, 서울에서 두 개의 대규모 건축물이 갑작스럽게 붕괴하는 대형 사고가 발생했다. 첫 번째는 서울 한강을 가로지르는 성수대교 붕괴 사고(1994년 10월)였다. 48미터에 걸쳐 다리가 무너져 내리며 시내버스를 포함한 차량 6대가 강으로 추락했다. 이는 출근·등교 시간대에 발생해 많은 시민들이 피해를 입었고, 32명이 사망하는 참사로 이어졌다. 사망자 중에는 서울 무학여자고등학교에 다니던 여고생 8명을 포함한 젊은 세대도 있었다.

두 번째는 삼풍백화점 붕괴 사고(1995년 6월)였다. 영업 시간 중에 발생한 이 사고는 대피 안내가 적절히 이루어지지 않은 상태에서 건물이 붕괴되었고, 미처 대피하지 못한 고객과 직원들이 잔해에 깔려 사망자가 502명에 달했다. 사고 원인은 불법적인 무리한 증축의 반복과 이에 따른 벽 균열 등 붕괴의 징후가 있었는데도 경영진이 영업을 강행한 데 있었다.

더 나아가, 경제 발전 과정에서 공무원들 사이에 만연한 배금주의는 뇌물 수수와 같은 부패 행위를 증가시켰고, 이에 대한 국민들의 불만은 고조되었다. 그러한 경제 발전의 모순을 목격하며, 집단주의적 관리 교육 속에 놓인 젊은 세대는 사회에 대한 불신과 불만을 가질 수밖에 없었다. 이러한 젊은 세대의 마음을 대변한 것이 바로 '문화 대통령' 서태지와 아이들이 만들어 낸 댄스 음악이었다.

## '시대유감' 가사와 힙합 패션에 대한 공격

서태지와 아이들은 또 한 번 새로운 도전에 나섰다. 앞서 언급한 「컴백홈」이 수록된 네 번째 앨범에서, 서태지가 제작한 곡 「시대유감」 역시 날카로운 사회 비판을 담고 있었다. 그 때문에 한국 사회에 대한 부정적인 내용과 과격한 가사가 문제시되면서 국가의 음반사전심의제도에 따른 검열로 인해 발매 불가 판정을 받았다. 이에 대응하기 위해 서태지는 가사가 없는 인스트루멘털 버전을 앨범에 수록했다. 이는 결과적으로 국가 권력에 의해 가사가 지워졌다는 강렬한 메시지를 전달하게 되었으며, 팬들을 비롯한 많은 이들에게 가사 검열에 대한 의문을 제기하는 계기가 되었다.

톱스타가 된 서태지와 아이들을 괴롭힌 문제는 이것만이 아니었다. 그들의 힙합 패션이 사회석 문세로 붉거진 것이다. 힙합 패션은 당시 한국의 어른들에게 기이하고 받아들이기 어려운 것이었다. 불과 10여 년 전, 박정희 정권 시절인 1970년대에는 머리 스타일과 복장에 대한 단속이 거리에서 이루어졌던 한국에서는, 다른 나라보다 힙합 패션에 대한 어른들의 저항감이 컸음을 짐작할 수 있다.

보수적인 어른들은 서태지와 아이들의 힙합 패션이 "청소년들이 모방하여 풍기를 문란하게 할 것"으로 생각했다. 일부 뉴스 프로그램에서는 힙합 패션을 청소년 비행과 연관 짓고, 해결해야 할 사회적 문제로 다루기도 했다. 이러한 시각을 가진 사람들은 서태지와 아이들이 힙합 패션을 포기해야 한다고 주장했다. 특히 방송에서 그러한 패션을 착용하는 것을 금지해야 한다고 생각했다. 그러나 음악 공연에서 패션은 중요한 요소 중 하나이다. 힙합 패션 역시 당연히 그 일부를 이루고 있다. 따라서 서태지와 아이들 멤버들은 자신들의 힙합 패션을 포기하지 않았다.

한편 1970년대생 X세대의 젊은이들은 그들의 패션을 지지하며, 낡은 가치관에 얽매이지 않는 자유로운 패션을 스스로 즐기려고 했다. 서태지와 아이들은 패션과 삶의 방식에서 X세대 젊은이들의 아이콘이 되었다. 한편으로는 가사 검열과 패션에 대한 끊임없는 공격 속에서, 서태지와 아이들 멤버들은 힙합 가수로서 한국에서 활동하는 데 한계를 느끼고 있었다.

## 서태지와 아이들의 해체와 검열 폐지

그들이 선택한 길은 해체였다. 인기의 절정에 있던 1996년 1월 31일, 서태지와 아이들은 갑작스럽게 기자회견을 열고 "할 수 있는 모든 걸 다 보여주었다"라는 말과 함께 해체를 발표했다. 카리스마 그룹의 해체는 한국 사회에 커다란 파장을 일으켰, 각 방송사의 밤 9시 뉴스에서 톱 뉴스로 보도되었다. 또한 해체를 반대하는 팬들은 소속사와 서태지의 자택 앞에서 시위를 벌이며 해체를 저지하려고 자해를 시도하기도 했다.

서태지와 아이들의 해체까지의 과정에서 사회적으로 후폭풍을 낳은 것은 앞서 언급한 가사 검열 문제였다. 정치적으로는 민주화가 진행된 듯 보였던 1990년대 한국 사회에서 여전히 독재 시대, 더 나아가 식민지 시대에서 이어져 온 제도가 기능하고 있다는 사실은 젊은 세대에게 충격적이었다. 더군다나, 이 제도로 인해 자신들이 사랑하는 아티스트의 창작 활동이 제약받고 좋아하는 음악을 들을 수 없다는 것은 팬들에게 도저히 용납할 수 없는 일이었다. 그들의 분노가 최고조에 달하던 1995년 11월, 한 팬인 여고생이 보낸 편지가 정치인들을 움직이게 했다. 이 편지를 받은 인물은 독재 정권 시절 민주화 운동의 리더로 활약했고, 차기 대통령 후보로 주목받던 야당 제1당 새정치국민회의의 김대중 총재였다.

1995년 11월 9일 자 한겨레신문 보도에 따르면, 여고생 팬은 김대중에게 서태지와 아이들의 시대유감 문제를 둘러싸고 새정치국민회의가 국회에서 적극적으로 대응해 달라고 요청했다. 이에 새정치국민회의는 '서태지와 이이들 문제 진상조사단'을 구성하고 이 문제에 대한 대응 방침을 밝혔다. 보도에 따르면, 새정치국민회의는 대응을 설명하면서 서태지와 아이들의 「발해를 꿈꾸며」, 「교실 이데아」와 같은 곡명을 언급하며 "통일과 교육 문제 등 사회적 의식을 담은 노래를 불러왔다"라고 그들의 음악 활동을 긍정적으로 평가했다.

김대중을 비롯해 민주화 운동을 경험한 정치인이 다수 참여한 새정치국민회의는 음악을 통해 사회 문제를 제기해 온 서태지와 아이들의 음악에 공감했을 것이다. 또한 국가에 의해 표현이 제한되는 고통을 깊이 이해하고 있는 민주화 운동 세대에게는 팬인 여고생의 편지에서 나타난 문제 의식이 충분히 공감되는 것으로 드러났다.

서태지와 아이들의 팬들의 목소리는 정치권을 움직일 정도로 강한 영향을 미쳤다. 그렇게 해서 1996년 초의 갑작스러운 해체 선언은 검열 폐지를 요구하는 목소리를 더욱 높이는 계기가 되었다. 그리고 마침내 1996년 6월, 음반 사전 심의 제도는 공식적으로 폐지되었다. 제도 폐지를 기념하며, 가사가 포함된 「시대유감」이 수록된 해체 이후 첫 앨범이 발매되었다. 독재 시대에 민중가요 진영에서 "권력에 종속하는 음악"이라는 비판을 받아왔던 한국 대중음악은 서태지와 아이들과 그들의 팬들에 의해 "싸우는 음악"으로 변모했다. 그런 의미에서 인스트루멘털로 수록된 「시대유감」은 최고 수준의 갱스터 랩이었을지도 모른다.

서태지와 아이들이 한국 현대사에 남긴 것은 단순히 새로운 음악 장르만이 아니다. 그들은 대중음악에서 표현의 자유를 억압하는 검열 제도를 폐지로 이끌었고, 대중음악에 대한 권력의 과도한 개입을 배제했다. 또한 낡은 가치관과 권위에 얽매이지 않는 패션과 삶의 방식을 젊은 세대에게 보여주었다. 정치적 민주화를 위해 시위라는 수단으로 싸웠던 1980년대의 청년 세대(386세대)에 이어, 1990년대 X세대 젊은이들은 사회적 민주화를 위해 댄스 음악을 동력으로 삼아 자유를 억압하는 제도와 관습에 맞서 싸웠다. 그런 맥락에서 서태지와 아이들은 분명히 1990년대를 살아가는 젊은 세대의 아이콘이었다.

## 댄스 음악의 전성기

서태지와 아이들에 의해 하나의 장르로 인정받은 댄스 음악은 한국 음악계에서 전성기를 맞이하게 되었다. 그 중심에는 아티스트와 팬 모두 X세대 젊은이들이 있었다. 서태지와 아이들의 데뷔 다음 해인 1993년에 데뷔한 듀스는 고등학교 동창으로, 문나이트에서 활동하던 김성재와 이현도로 구성된 남성 댄스 듀오였다. 두 사람은 현진영의 백댄서로 활동했던 경험이 있다(현진영과 와와).

1993년 4월에 발매된 첫 번째 앨범에 수록된 「나를 돌아봐」로 두 사람은 큰 인기를 얻으며 댄스 음악 장르의 인기 가수로 자리 잡았다. 짧은 2년간의 활동 기간에도 뉴 잭 스윙을 도입한 역동적인 퍼포먼스로 팬들을 매료시켰다.

1990년대 전반에서 중반을 대표하는 댄스 음악 그룹으로는 4인조 남성 그룹 노이즈를 빼놓을 수 없다. 이들은 서태지와 아이들과 같은 1992년에 데뷔했으며, 1995년에 발매된 세 번째 앨범의 수록곡 「상상 속의 너」를 비롯한 히트곡을 남겼다.

## 남녀 혼성 그룹과 솔로 가수의 인기

1990년대 중반이 되자, 남녀 혼성 그룹이 한국 댄스 음악계를 더욱 활기차게 만들었다. 그 상징적인 존재로 꼽히는 그룹이 바로 레게를 중심으로 한 곡들로 큰 인기를 얻은 룰라이다. 룰라는 1994년 데뷔 당시 남성 3명, 여성 1명으로 출발했으며, 이듬해 10대 여성 멤버 최리나가 합류했다. 이후 남성 멤버 한 명이 탈퇴하여 남성 2명, 여성 2명의 체제로 개편된 룰라는 1995년에 발표한 「날개 잃은 천사」로 대히트를 기록하며, 이 곡이 수록된 앨범은 167만 장의 판매량을 기록했다. 이후 1990년대 후반에는 3인조 남성 힙합 그룹 DJ DOC와 여성 보컬 1명과 남성 2명으로 구성된 코요태 등이 인기를 끌었다. 그들의 곡은 일본에서 디제이 오즈마(DJ OZMA)에 의해 일본어로 커버되었다. 예를 들어, DJ DOC의 「런 투 유(Run to You)」와 「원 나이트(One Night)」, 코요태의 「순정」이 각각 DJ OZMA에 의해 리메이크되었다.

이 외에도 1990년대 댄스 음악에서는 그룹뿐만 아니라 솔로 가수들도 많은 활약을 보였다. 대표적인 아티스트로는 남성 가수 김건모와 JYP 엔터테인먼트 설립자인 박진영, 여성 가수로는 김현정과 엄정화가 있다. 1990년대 후반에 한국에서 히트한 댄스 음악은 대개 실연 등을 주제로 한 슬픈 가사를 담고 있었으나, 멜로디는 신나는 밝은 분위기였다. 이와 같은 가사와 멜로디 간의 괴리를 해소하기 위해, 슬픈 가사의 내용을 표현하는 방법으로 후렴구에서(주로 여성 보컬에 의해) 고음의 가창이 많이 사용되었다.

경쾌한 댄스 음악의 리듬, 그리고 그 리듬과 대조를 이루는 한국적 정서인 '한(恨)'을 담은 가사, 마지막으로 그 한을 기교적으로 표현하기 위한 고음의 가창. 이러한 리듬과 가사 간의 대비와 이를 메우는 고음 가창이 당시 유행했던 한국 댄스 음악의 특징이자 매력이었다.

이처럼 댄스 음악이 절정을 이루던 가운데, 이수만이 다시 움직이기 시작했다.

# 2. K팝의 탄생: H.O.T.와 1세대 아이돌

×✛×

## 이수만의 새로운 도전과 SMP의 확립

현진영의 불미스러운 사건으로 인한 도산 위기를 극복한 SM기획의 이수만은 좌절하지 않고 음악 프로듀서로서 다음 도전을 준비하고 있었다. 그리고 1995년, SM기획을 법인화하여 SM엔터테인먼트를 설립했다. 그사이 준비된 그룹이 남성 5인조 아이돌 H.O.T.다. H.O.T.가 기획된 것은 1994년으로, 이수만이 타깃 소비자로 상정한 것은 10대 여성들, 특히 중고등학생 세대였다. H.O.T.라는 이름은 'High-five Of Teenagers'의 머리글자를 딴 것으로, 타깃이 누구인지 명확히 드러나 있다.

이수만은 대중음악 소비층으로 1990년대에 부상한 여중고생의 니즈에 부합하는 아이돌이자 동시에 댄스 가수 그룹을 결성하고자 했다. 이는 일본식 아이돌을 대표하는 소방차와 미국식 댄스 가수를 대표하는 서태지와 아이들의 두 가지 성격을 결합한 참신한 그룹을 시도한 것이다. 이수만은 1년에 걸쳐 스카우트와 오디션으로 모은 연습생들 중에서 멤버를 선발하고, 1995년에 H.O.T.를 결성하여 데뷔 준비를 진행했다. 멤버는 보컬을 맡은 문희준, 래퍼 장우혁, 보컬과 랩을 겸하는 토니안, 메인보컬 강타, 그리고 래퍼 이재원으로 구성되었다.

강타는 1979년생, 이재원은 1980년생, 나머지 세 명의 멤버는 1978년생으로, 이들은 모두 1970년대 후반에서 1980년대 초반에 태어났다. 이들이 타깃으로 삼은 여중고생들이 1980년 전후에 태어난 세대였으므로, 이들에게는 같은 세대 혹은 "약간 연상의 오빠"로 인식될 수 있는 나이 구성이었다.

SM엔터테인먼트 소속 가수 유영진이  데뷔 앨범의 프로듀싱을 맡았다. 유영진은 사회 비판을 담은 랩 중심의 곡을 제작하면서 자신의 댄서 경험을 살려 화려한 댄스 퍼포먼스를 곡에 접목한 새로운 음악 스타일을 만들어 냈다. 유영진이 탄생시킨 이 새로운 스타일은 이후 SM엔터테인먼트가 주로 남성 그룹을 프로듀싱할 때의 독자적인 형식으로 자리 잡았다. 이 형식은 SMP(SM Music Performance)라고 불린다.

## H.O.T.의 성공

1996년 9월 7일, H.O.T.는 첫 번째 앨범 『We Hate All Kinds Of Violence』를 발매하며 데뷔했다. 같은 날, MBC '토요일, 토요일은 즐거워'에 첫 TV 출연을 하여 이 앨범에 수록된 「전사의 후예」를 선보였다.

힙합 특유의 날카로운 가사와 퍼포먼스로 매력을 발휘한 「전사의 후예」는 젊은 남성 팬들의 지지도 얻었다. 이 곡의 가사는 당시 사회적 문제로 대두되었던 학교 폭력을 주제로 한 강한 사회적 메시지를 담고 있었다. 더불어, 같은 앨범에 수록된 「캔디」가 대히트를 기록했다. 「캔디」의 무대에서는 「전사의 후예」와는 대조적으로 멤버들의 귀여움을 강조한 아이돌적인 퍼포먼스가 주목받았다. 이를 통해 H.O.T.는 젊은 여성 팬들의 마음을 사로잡았다.

서태지와 아이들의 해체로 당시 톱 댄스 그룹의 자리는 공석이 되었다. 그 공백을 메우듯 혜성같이 등장한 H.O.T.는 데뷔 직후부터 10대를 중심으로 젊은 세대의 열광적인 지지를 받으며, '하이틴 스타', '10대의 우상' 등으로 불리는 압도적인 인기 그룹으로 자리 잡았다.

같은 해 12월에 열린 "대한민국 영상음반대상" 골든디스크 부문에서 SKC 신인가수상을 수상하며 H.O.T.는 성공적인 첫발을 내디뎠다. 1997년에도 승승장구하며, 9월에는 공식 팬클럽인 'Club H.O.T.(일명 하얀 천사)'의 창단식을 개최했다. 또한, 1997년 말에는 서울가요대상에서 대상에 해당하는 '올해의 최고가수상'을 수상했고, SBS 가요대전에서도 대상을 거머쥐었다. 이후 1998년 1월 23일부터 25일까지 사흘간 서울 올림픽공원 제1체육관에서 단독 콘서트를 열었고, 이듬해인 1999년 9월 18일에는 국내 가수로서는 처음으로 서울 올림픽주경기장에서 단독 콘서트를 개최했다. 서울 올림픽주경기장에서 그 이전에 콘서트를 연 아티스트는 1995년 스티비 원더와 1996년 및 1999년의 마이클 잭슨뿐이었다. 또한 H.O.T.가 발표한 앨범들은 첫 번째 앨범부터 네 번째 앨범까지 연달아 밀리언셀러를 기록했다. 이 중에서 두 번째 앨범의 판매량은 150만 장에 달했다. H.O.T.는 2001년에 많은 이들의 아쉬움을 뒤로하고 해체되기까지 한국의 톱 아이돌로서 흔들리지 않는 지위를 확립했다. 1997년 당시 대통령 후보였던 김대중조차 "가장 좋아하는 가수"로 H.O.T.를 꼽을 정도로, 그들은 세대를 초월해 한국에서 유명한 존재였다.

## K팝 아이돌의 탄생

이수만이 의도했던 대로 H.O.T.는 10대 여성들을 타깃으로 한 전략을 통해 성공을 거두었다. H.O.T.의 이러한 성공은 이후 K팝의 세계화를 이끄는 대형 연예 기획사인 SM엔터테인먼트가 위기를 극복하고, 더 나아가 발전의 토대를 구축하는 데 결정적인 역할을 했다. 그러나 H.O.T.가 한국 대중음악사에서 수행한 역할은 단순히 한 기업이나 한 사업가의 성공에 국한되지 않는다. H.O.T. 이전의 한국에는 일본식 아이돌을 대표하는 소방차와 미국식 댄스 가수를 대표하는 서태지와 아이들이 존재했지만, H.O.T.를 통해 일본식 아이돌과 미국식 댄스 가수의 융합이 실현되었다. 이를 통해 비주얼성과 퍼포먼스 능력을 겸비한 현재의 한국형 댄스 아이돌, 즉 'K팝 아이돌'이 탄생하게 된 것이다.

일본과 미국의 음악 문화의 영향을 받으면서도 독자적인 발전을 모색해 온 한국 대중음악의 역사가 도달한 하나의 중요한 전환점이 바로 H.O.T.다. 이러한 형식은 이후 K팝으로 자리 잡아 한국뿐만 아니라 해외에서도 사랑받는 음악 장르로 성장하게 되었다. H.O.T.의 성공은 이후 K팝 아이돌의 잇따른 탄생으로 이어졌다. 이처럼 1990년대 후반부터 2000년대 초반에 걸쳐 활약한 K팝 아이돌들은 K팝 아이돌의 첫 세대로 자리 잡으며 '1세대'로 불린다.

## H.O.T.의 라이벌 젝스키스

H.O.T.에 이어 데뷔하여 라이벌 관계를 형성한 그룹은 남성 그룹 젝스키스였다. 젝스키스를 데뷔시킨 사람은 과거 소방차를 성공으로 이끌고 독립하여 DSP미디어(당시 대성기획)를 설립한 이호연이었다.

소방차의 성공으로 아이돌 비즈니스의 가능성을 확신한 이호연은 H.O.T.가 데뷔한 다음 해인 1997년 4월 15일에 젝스키스를 데뷔시켰다. 젝스키스는 H.O.T.와 같은 세대의 은지원, 이재진, 김재덕, 장수원, 고지용, 강성훈으로 구성되었으며, 은지원과 강성훈은 유학 중 해외에서 스카우트되었다.

젝스키스는 H.O.T.와 마찬가지로 비주얼과 퍼포먼스 능력을 겸비한 그룹이었다. 이러한 점에서 H.O.T.와의 라이벌 구도를 형성하며 인기를 끌어올렸다. 이러한 라이벌 관계는 젝스키스뿐만 아니라 H.O.T.에게도 상승 효과를 가져다주었다. 양측의 팬들이 라이벌에게 뒤지지 않기 위해 더 열정적으로 응원했기 때문이다. SM 측에서도 이러한 관계의 이점을 인식하고 있었음을 보여주는 일화가 있다. 2015년 7월 7일 방송된 SBS 라디오 〈헬로우 미스터 록기〉에 젝스키스의 매니저를 지냈던 김기영이 출연하여, 당시 SM 대표 이수만이 라이벌 그룹의 존재에 대해 "고맙다"라고 말하면서 식사를 대접해 준 적이 있다고 이야기했다.

K팝 업계에서 SM 대 DSP라는 라이벌 구도는 1세대 여성 그룹에서는 S.E.S. 대 핑클., 2000년대 2세대에서는 남성 그룹 동방신기 대 SS501, 여성 그룹 소녀시대 대 카라로 이어지며 이호연이 DSP 대표로 있던 2010년경까지 지속되었다. 이러한 전략적 라이벌 관계 덕분에 젝스키스는 10대를 중심으로 H.O.T.에 버금가는 인기를 얻으며 1세대를 대표하는 남성 그룹으로 자리 잡았다. 1998년 「무모한 사랑」, 「로드 파이터」, 「커플」을 비롯해 1999년 「컴백」 등 대중성 있는 곡들을 발표하며 폭넓은 지지를 받았다. 각종 음악 차트에서 1위를 차지한 것은 물론, 1998년에는 서울가요대상에서 대상을 받게 되었다. 또한 매년 단독 콘서트를 개최하며 항상 매진되는 인기를 보여주었다. 음악뿐만 아니라 예능 프로그램, 영화, 뮤지컬 등 여러 방면에서 활동하며 인기를 더욱 끌어 올렸다. 젝스키스는 2000년 5월 기자회견을 열어 해체를 발표하며 활동을 종료했다(2016년에 재결합하여 현재는 YG 소속이다).

## 양현석의 YG 설립

1세대 아이돌이 부상하는 가운데, K팝 업계를 더욱 활기를 불어넣은 요인 중 하나는 새로운 연예 기획사의 설립이었다. 그중에서도 YG엔터테인먼트와 JYP엔터테인먼트의 등장은 이후 K팝 발전에 큰 영향을 미쳤다.

서태지와 아이들의 댄서였던 양현석은 1996년 3월 현기획이라는 연예 기획사를 설립했다. 현기획은 양현석이 주력하는 힙합과 R&B 등 블랙 뮤직에 특화된 음악을 다루는 아티스트를 육성하고 데뷔시키는 것을 목표로 삼았다. 1996년 현기획에서 처음으로 데뷔시킨 그룹은 남성 3인조 그룹인 킵식스였다. 멤버 중 두 명은 서태지와 아이들의 백댄서 출신이었고, 메인보컬은 브라질 거주 한인으로 구성되었다. 이 그룹은 "YG 1호" 그룹으로 불릴 수 있다.

서태지와 아이들의 전 멤버 양현석이 제작했다는 점에서 킵식스는 충분히 주목받을 만한 잠재력을 가지고 있었다. 하지만 안타깝게도 성공하지 못했다. 같은 해 데뷔한 H.O.T.의 성공적인 행보 속에서, 결국 두 곡으로 활동을 종료해야만 했다. 이후 양현석은 1997년 3월 한국계 미국인 두 명으로 구성된 힙합 듀오 지누션(JINUSEAN)을 데뷔시켰다.

지누션의 첫 번째 앨범은 양현석과 듀스의 이현도가 공동 프로듀싱을 맡았다는 점에서 주목받았다. 또한, 타이틀곡 「가솔린」의 뮤직비디오는 당시 기준으로 높은 완성도를 보여주었다.

이어서 발표된 후속곡 「말해 줘」는 인기 댄스 가수 엄정화가 피처링을 맡아, 음악 차트에서 여러 차례 1위를 기록하며 성공을 거두었다.

1998년 11월에는 남성 4인조 힙합 그룹 원타임(1TYM)이 첫 번째 앨범 『One Time for Your Mind』로 데뷔했다. 데뷔 초부터 각 멤버가 랩, 작곡, 작사를 직접 소화하는 실력파로서의 면모를 강조함과 동시에, 10대와 특히 여성 팬들이 열광할 수 있는 아이돌의 요소를 결합하는 힙합 뮤지션과 아이돌이라는 이중 이미지 전략으로 인기를 끌었다. 원타임은 1998년 말 열린 KMTV 가요대전에서 최우수 힙합 가수상을 수상하며 주목받았다. 지누션과 원타임의 성공으로 현기획은 2000년경까지 한국을 대표하는 힙합 레이블로 자리 잡았으며, 2001년 3월 사명을 현재의 YG엔터테인먼트로 변경했다. 'YG'라는 이름은 서태지가 양현석을 '양군'이라 부르던 별칭에서 비롯되었다.

## 박진영과 그의 기획사 JYP

YG엔터테인먼트의 전신인 현기획에 이어 설립된 것은 현재 JYP 엔터테인먼트의 전신인 태홍기획이다. 설립자는 일본에서는 J.Y. Park로 알려진 댄스 가수 박진영이다. 박진영은 1971년생으로 X세대에 속하며, 그 역시 이태원의 나이트클럽 '문나이트'에 출입하던 댄서였다. 댄스 가수가 되기를 꿈꾸며 여러 연예 기획사의 오디션을 보았고, 1994년에 솔로 가수로 데뷔했다. 데뷔곡 「날 떠나지 마」는 세련된 댄스 퍼포먼스와 매력적인 보컬로 인기를 얻으며 여러 음악 방송에서 1위를 차지했다. 이 곡이 수록된 첫 번째 앨범 『Blue City』는 47만 장의 판매량을 달성했다.

이후 3집 앨범에 수록된 「그녀는 예뻤다」 등 대표곡들을 발표하며, 그룹 가수가 주류였던 댄스 음악 장르에서 솔로 가수로서의 존재감을 확고히 했다. 가수로서 성공한 박진영은 1997년 12월에 태홍기획을 설립했다. 박진영은 자신이 소속 가수로 활동을 이어가는 한편, 프로듀서로서 가수 진주를 데뷔시키며 데뷔곡 「난 괜찮아」를 히트시켰다. 또한, 1998년에는 네 번째 앨범의 『Honey』를 히트시키며 가수와 프로듀서로서의 입지를 더욱 굳혔다.

박진영은 표현 활동에서 자유분방한 경향을 보이며, 때로는 과감한 발언이나 의상으로 대중을 놀라게 했다. 물론 이러한 행동은 비판의 대상이 되기도 했다. 이를 상징적으로 보여주는 예가 텔레비전 무대에서 착용했던 비닐 바지이다. 투명한 소재로 인해 속옷이 드러나는 전위적인 패션은 시청자들을 경악하게 했다. 박진영은 때로는 과감할 정도로 자유로운 표현을 추구한, 문자 그대로 "아티스트"였다. 그 후, 박진영이 프로듀싱한 K팝 아이돌 그룹들이 JYP엔터테인먼트를 통해 속속 탄생하게 되었다.

## 3대 기획사의 설립

이렇게 SM엔터테인먼트, YG엔터테인먼트, JYP엔터테인먼트라는 3대 대형 기획사가 1990년대 후반에 탄생하며 '3대 기획사'로 불리게 되었다. 이후 2010년대 후반에는 BTS를 보유한 하이브의 규모가 확대되면서, 하이브를 포함한 '4대 기획사'로 자리 잡았다. 그렇다면 21세기에 K팝의 세계화를 이끌게 될 이들 3대 기획사는 왜 이 시기에 동시에 설립되었을까? 그 답은 설립자들의 생애를 통해 엿볼 수 있다.

이수만은 독재 정권의 언론 탄압 속에서 미국으로 건너가 세계 음악의 트렌드를 직접 경험했다. 양현석은 가사 검열과 패션 논란 속에서도 표현의 자유를 지키기 위해 싸웠다. 박진영은 대담한 표현과 예술적 혁신을 추구하며 당시 대중문화의 경계를 넓혔다.

1980년대에 정치적 민주화를 요구하며 싸운 젊은 세대에 이어, 1990년대의 젊은 세대(X세대)는 문화적·사회적 해방을 요구하며 댄스 음악을 매개로 싸웠다. 가사 검열 제도와 같은 제도적 억압, 그리고 패션 등 젊은이들의 문화를 규제하려는 관습적 억압에 맞서기 위한 원동력이 된 것이 바로 한국의 댄스 음악이었다.

댄스 음악은 X세대 젊은이들의 목소리를 대변하며 억압에 저항하는 수단이 되었다. 이후 댄스 음악의 발전형으로 자리 잡은 K팝은 자유와 창의성을 중심으로 한 새로운 장르로 성장했다.

자유를 갈망하는 X세대의 젊은이들을 대변한 댄스 음악과 그 발전형인 K팝이 성립한 1990년대 후반, 사회와 마주하며 고뇌하던 이들이 설립한 것이 바로 3대 기획사였다. 이러한 상업적 제도화는 음악의 대량 생산과 창의적 표현의 갈등을 낳았으며,

이는 K팝의 본질적 특성을 형성하는 양면성이 되었다. 이 갈등 속에서 K팝은 탄생하게 되었다.

# 3. 급속한 IT화와 변화하는 한국 음악의 형태

×✛×

## IMF 경제 위기의 충격

1997년 여름, 그동안 순조롭게 경제 발전을 이어오던 한국은 극심한 불황에 휩싸이게 되었다. 7월에 태국의 통화인 바트가 폭락하면서 시작된 통화 위기의 여파가 한국에도 미치게 된 것이다. 그리하여 철강, 자동차 분야를 포함한 여러 재벌 기업들이 연이어 도산하는 비정상적인 상황에 빠졌다. 이러한 상황은 추가적인 악순환을 초래했다.

김영삼 정부는 유례없는 경제 위기에 효과적으로 대처하지 못하는 가운데, 대외 채무 불이행에 대한 우려가 커지면서 해외 자금 조달이 급속히 감소했다. 이는 원화 가치가 끝없이 하락하는 결과로 이어졌다. 결국 1997년 말에는 한국도 통화 위기를 정면으로 맞닥뜨리게 되었다.

김영삼 정부는 사태를 해결하기 위해 국제통화기금(IMF)에 긴급 금융 지원을 요청했다. 이를 통해 국가 파산은 면할 수 있었지만, 한국 경제는 IMF의 관리 아래에 놓이게 되었다. 이는 흔히 'IMF 경제 위기'로 불린다.

같은 시기인 1997년 12월에 치러진 대통령 선거에서는 야당인 새정치국민회의의 김대중 후보가 당선되었다. IMF 경제 위기의 극복은 1998년 2월에 출범한 김대중 정부의 몫이 되었다.

민주화 운동의 지도자였던 김대중의 당선은 한국의 민주화가 한층 더 진전될 것이라는 기대를 모았다. 한편 전 정권 하에서 발생한 경제 위기를 어떻게 타개하고, IMF의 관리 체제에서 벗어날 것인가가 김대중 정부 출범 직후의 최대 과제가 되었다.

김대중 정부는 재벌 개혁, 은행 통폐합, 금융 개혁(부실 채권 정리 등), 노동 개혁 등 전 사회적인 구조조정을 실행하여 위기를 극복하려 했다. 이러한 개혁은 성과를 거두어, 1999년에는 투자 증가와 경기 회복이 관측되며 경제는 차츰 안정세를 되찾았다. 그러나 급속한 신자유주의적 개혁은 필연적으로 사회적 고통을 수반했다. 기업의 통폐합과 노동 개혁으로 인해 대규모 구조조정이 진행되었고, 그 결과 대량 실업자가 발생했다. 이는 한국 사회에 빈부 격차와 같은 새로운 사회적 문제를 초래했다. 이러한 상황은 노동자들의 큰 반발을 불러일으켰다. 이에 김대중 정부는 고용을 창출할 수 있는 새로운 산업의 발전을 모색하게 되었다.

# IT 정책의 급속한 정비

김대중 정부는 IMF 경제 위기 이후 경제 재건을 위한 방안으로 IT산업을 육성하는 방향으로 나아갔다. 하지만 IT화 촉진 정책은 이미 김영삼 정부 시기인 1995년부터 시작되었다. 1993년 9월, 미국 클린턴 정부가 제안한 '전국 정보 기반(NII) 액션 플랜'(일반적으로 '정보 슈퍼 하이웨이 계획'이라고 불림)을 벤치마킹하여 수립된, 한국판 NII라고 할 수 있는 '초고속 정보통신망 계획(KII)'(1995년)과 '정보화 추진 기본계획'(1996년)이 그것이다.

이 계획들은 한국 내 다양한 분야에서 IT인프라 구축을 시작하게 했다. 그러나 이러한 계획은 "미래적으로" 더 발전된 IT인프라가 중요해질 것을 내다본 것이었으며, 분명히 21세기를 대비한 방향성으로는 옳았지만 "당장" 실행해야 할 정책은 아니었다. 이러한 상황에서 속도를 변화시킨 계기는 1997년 말 IMF 경제 위기였다. 기존의 모든 국내 산업이 경제 위기로 큰 타격을 입는 가운데, 위기 직후 출범한 김대중 정부는 경제 재건책의 일환으로 IT를 중시하게 되었다. 김대중 정부는 한국 내 IT산업 진흥을 더욱 강화하기 위해 새로운 "사이버 코리아 21" 계획을 수립했다. 이 계획은 김영삼 정부 시기의 계획을 더욱 발전시킨 것으로, IT인프라를 신속히 정비하여 생산성 향상을 실현하고, 신규 산업 및 고용 창출을 추구했다.

'사이버 코리아 21'에서는 2002년까지 세계 10 위권 정보 선진국이 되는 것을 목표로 제시했다. 초기에는 2002년까지 목표를 달성하기 어렵다는 의구심도 있었지만, 놀랍게도 목표는 그보다 이른 2001년에 달성되었다. 이를 통해 한국 사회는 빠르게 IT화가 진행되며 큰 변화를 맞이하게 되었다. 한국인터넷정보센터(KRNIC)의 통계에 따르면, 1999년 한국의 브로드밴드 가구 보급률은 단 1.9%에 불과했다. 그러나 2000년에는 불과 1년 만에 22.2%로 급격히 증가했으며, 2001년에는 50%를 넘었고, 2002년에는 71.2%에 도달했다. '사이버 코리아 21'은 불과 몇 년 만에 한국을 IT 강국으로 성장시킨 것이다.

'사이버 코리아 21'이 2001년에 목표를 달성하자, 2002년에는 더 과감한 목표를 내건 'e코리아 비전 2006'이 발표되었다. 한국 내 인터넷 보급률을 2006년까지 90%에 도달시키는 것을 목표로 IT인프라 혜택이 계층, 세대, 지역에 따라 차별 없이 제공될 수 있도록 2005년까지 모든 가구에 1Mbps 이상의 브로드밴드 접속이 가능한 환경을 구축하기로 했다. 더 나아가, 2006년까지 모든 주민 서비스를 온라인화하는 것도 주요 목표였다. 이 외에도 각 산업에서의 IT화 촉진과 IT 관련 산업의 수출 확대 등이 포함되었다. 이 두 프로젝트를 통해 한국 사회 전체가 IT화의 영향을 받게 되었고, 음악 산업도 예외가 아니었다.

## 콘텐츠 산업의 진흥

김대중 정부가 추진한 '사이버 코리아' 정책은 IT인프라 구축을 중심으로 하는 내용이었지만, 동시에 그 인프라를 활용해 유통

될 콘텐츠를 강화하는 방안도 포함되어 있었다. 이는 IMF 경제 위기에서 회복하기 위해 국제적으로 경쟁력을 갖춘 산업을 육성해야 한다는 과제가 있었기 때문이다. 그렇다면 많은 산업 중에서 왜 김대중 정부는 콘텐츠 산업에 주목했을까? 그 이유는 콘텐츠 산업이 수익 구조 면에서 매우 비용 효율적이고 효과적인 결과를 창출할 수 있기 때문이었다. 즉, "원 소스 멀티 유스(One-Source Multi-Use)"의 고부가가치 산업으로서 콘텐츠 산업은 하나의 콘텐츠가 성공을 거두면 추가 투자가 거의 필요하지 않으면서 다양한 미디어를 통해 해당 콘텐츠를 복제 및 활용하여 다각적으로 수익을 창출할 수 있었기 때문이다.

이러한 배경에서 한국 정부는 콘텐츠 산업을 국가의 핵심 산업 중 하나로 자리매김했다. 1998년에는 김대중 대통령이 직접 나서 "문화 대통령"을 선언하며 문화 콘텐츠 진흥을 촉진했다. 이를 구체화하기 위해 1999년에는 「문화산업진흥기본법」이 제정되었다.

「문화산업진흥기본법」은 문화산업 진흥을 위한 공적 기금으로 문화산업진흥기금을 2003년까지 설립할 것을 명시했다. 이 기금의 지원 대상에는 문화산업에 투자하는 주체인 문화산업 전문투자조합과 콘텐츠를 유통 및 제작하는 사업자가 포함되었다. 또한, 한국문화산업진흥위원회를 설립하여 정부의 문화산업 진흥 사업을 주도하는 역할을 맡겼다. 이어 2001년에는 '콘텐츠 코리아 비전 21'이 수립되었으며, 2003년까지 총 8,546억 원을 투입해 디지털 콘텐츠 산업의 발전을 도모했다. 이를 위해 2002년에는 「온라인디지털콘텐츠산업발전법」이 제정되었다. 이와 같이 IT화와 병행하여, IT 인프라를 기반으로 유통되는 온라인 디지털 콘텐츠 산업의 발전과 강화가 추진되었다.

## 음악 업계를 강타한 파일 공유 서비스

이와 같은 IT화와 온라인 디지털 콘텐츠 산업 강화의 흐름은 한국 음악 업계를 강타했다. 그 중심에는 MP3의 등장과 보급이 있었다. 그러나 이는 한국 음악 업계에 긍정적인 영향이라고는 할 수 없는 것이었다. MP3는 1994년 7월, 독일에 소재한 유럽 최대 응용 연구 기관인 프라운호퍼 연구소에서 개발한 소프트웨어이다. 이어 1995년 프라운호퍼 연구소 연구팀에 의해 '.mp3' 확장자가 정의되었고, 이를 통해 MP3를 인코딩하면 손쉽게 컴퓨터로 음악을 즐길 수 있게 되었다. 이후 1990년대를 거치며 MP3는 인터넷을 통해 전 세계로 퍼져 나갔다. 널소프트(Nullsoft)의 오디오 플레이어 Winamp(1997년), UNIX 기반 오디오 플레이어 mpg123, 그리고 파일 공유 프로그램 Napster(1999년)의 등장으로 MP3는 음원 파일의 표준으로 자리 잡게 되었다.

이들 프로그램은 사용자들이 MP3를 손쉽게 공유, 수집, 제작, 재생할 수 있도록 했다. 결국은 음원을 레코드나 CD와 같은 물리적 매체에 의존해 수익을 창출하던 음악 업계는 심각한 위기에 직면했다. 특히 Napster와 같은 프로그램은 음원 데이터를 유료 매체를 거치지 않고 사용자들끼리 무료로 공유할 수 있게 만들어 레코드 회사들의 수익에 큰 타격을 입혔다.

국제 자본의 주요 레코드 회사들은 Napster가 레코드 회사들의 이익을 잠식하고 있다며 법적 조치를 취했다. 드디어 Napster는 폐쇄되었지만, MP3를 통한 무료 데이터 공유는 이후에도 음악 업계를 괴롭히는 문제가 되었다. MP3의 보급과 동시에 IT화가 급격히 진행되고 있던 한국 음악 업계는 무료로 인터넷에서 음원을 구할 수 있는 상황에 직면하면서 심각한 위기에 빠졌다. Napster와 유사한 파일 공유 서비스인 벅스뮤직이 1999년 한국에서 등장하면서 MP3는 국내에서도 급격히 보급되었다. 이와 함께 온라인상 불법 복제가 성행하면서 CD 판매에 의존하던 한국 음악 업계는 큰 타격을 입게 되었다.

1990년대 다수의 밀리언셀러가 탄생했던 호황기가 거짓말처럼, 2000년을 기점으로 CD 판매량은 급격히 감소했다. IMF 경제 위기의 여파에서 서서히 회복되던 한국에서 음악 업계는 절체절명의 위기에 빠지게 되었다. 그러나 K팝은 이러한 상황 변화에 유연하게 적응하며 위기를 극복하는 데 성공했다. CD에 의존했던 기존의 유통 및 판매 방식을 과감히 재검토하고, 디지털 시장을 전제로 한 새로운 유통 및 판매 전략으로 업계 전체를 전환한 것이다. 이와 같은 빠른 방향 전환은 이후 세계 음악 시장의 변화를 선도하는 행보였다. 디지털 산업 육성을 사회적으로 추진해 온 덕분에 이에 대응할 수 있는 인재가 국내에서 성장해 왔다는 점도 긍정적으로 작용했다. 이로써 K팝은 위기를 기회로 전환할 수 있었다.

CD는 더 이상 음악 콘텐츠의 주요 유통 및 판매 매체가 아니게 되었다. 21세기 들어 일반화된 온라인에서 음악을 공유하고 즐기는 음악 소비 방식에 발맞춘 한국 음악 업계는 점차 국경을 넘어 확장되기 시작했다.

## 팬카페에 모이는 팬들

IT화가 급격히 진행된 한국에서 변화한 것은 음악을 공급하는 음악 업계만이 아니었다. 음악을 소비하는 팬들 또한 IT화의 영향을 받았다. 팬들은 오프라인에서의 응원과 교류뿐 아니라 온라인에서도 팬 활동을 펼치기 시작했다. 이러한 온라인 팬 활동의 중심이 된 것이 바로 '팬카페'이다. 현재는 소속사가 운영하는 '공식 팬카페'도 존재하지만, 원래 팬카페는 팬들 스스로가 설립하고 운영하는 팬사이트를 의미했다. K팝 팬들의 집단은 '팬덤'이라 불리며, 때로는 사회적 영향력을 행사할 정도로 강력한 결속력을 자랑한다. 이러한 팬들을 연결하는 도구가 인터넷과 SNS인데, 그 원점이 한국에서 태동한 팬카페였다. 팬카페에는 응원하는 아티스트의 방송 출연 정보, 공개 방송 일정, 라이브 공연 스케줄 등의 정보를 비롯해 아티스트의 사진과 응원 메시지가 업로드되었다. 댓글 기능도 마련되어 팬들 간의 교류가 이루어졌다.

일본의 연예 기획사들은 초상권을 이유로 팬들의 이러한 행위를 제재하는 경향이 있는데, 반대로 한국의 기획사들은 팬들이 인터넷에 사진을 올리는 것을 명예를 훼손하는 내용이 아니라면 기본적으로 묵인하는 태도를 보였다. 오히려 이를 팬들에 의한 홍보 활동으로 간주했다. 결과적으로 인터넷에는 K팝 아티스트들의 사진이 대량으로 확산되었고, 그 덕에 국내뿐 아니라 해외에서도 그들의 존재가 알려졌다.

　오늘날 SNS를 통한 정보 수집과 교류는 팬 활동의 필수 요소가 되었다. 이러한 팬 활동의 원형은 IMF 경제 위기 이후 한국에서 급속히 성장했다. 국경을 넘어 연결되는 인터넷에 적응한 팬 커뮤니티 문화는 이후 K팝이 글로벌화되는 과정에서 큰 역할을 하게 되었다. 1990년대 말에서 2000년대 초반에 이르는 한국 대중음악은 유통 및 판매 형태와 더불어 팬 문화가 인터넷에 신속히 대응함으로써 K팝이 세계로 확산되는 기반을 마련했음을 알 수 있다.

# 4. 변화하는 동북아시아, 국경을 넘는 K팝

✕✛✕

## 개혁개방과 홍타이(港台) 문화의 유입

1990년대 말이 되면서 K팝은 해외, 특히 중화권으로 진출하게 된다. 이를 이해하기 위해서는 1980년대 이후 중국의 정세 변화에 대해 살펴볼 필요가 있다. 중국은 문화대혁명으로 인한 경제적 혼란에서 벗어나기 위해, 1980년대에 들어 덩샤오핑 지도부에 의해 본격적인 개혁개방 정책이 추진되었다. '사회주의 시장경제'라는 구호 아래 시장 원리가 사회 각 분야에 도입되기 시작한 것이다. 문화도 예외가 아니어서, 시장에서 거래되는 '상품'으로서 사람들이 소비하는 존재로 자리 잡게 되었다. 개혁개방의 진행으로 중국은 점차 경제 발전을 이루었고, 그 과정에서 중국인들은 텔레비전, 비디오, 라디오 등의 하드웨어를 소유하기 시작했다.

그러나 이러한 하드웨어를 통해 향유할 수 있는 소프트웨어가 부족했다. 기존의 공산주의 국가의 문화 콘텐츠만으로는 중국인의 높아진 문화적 수요를 충분히 충족할 수 없었기 때문이다. 이때 주목받은 것은 같은 언어를 사용하는 홍콩(당시 영국 통치령)과 대만의 문화 콘텐츠였다. 이러한 콘텐츠들은 '홍타이(홍콩과 대만)' 문화라 불리며, 자본주의 문화를 대표하는 것이었다. 또한 대만은 중국과 대립해 온 국민당 정권이 지배하는 곳이었다. 이 때문에 홍타이 문화는 당연히 중국 내에서 허용되지 않았다. 하지만 문화 콘텐츠를 원하는 중국인들은 불법적으로 유입된 해적판 카세트테이프를 통해 음악을 듣거나, 몰래 홍콩과 대만의 라디오를 청취하며, 불법 비디오테이프를 통해 영화나 드라마를 즐겼다. 이러한 흐름은 중국 내에서 거대한 지하 해적판 시장을 형성하게 되었다. 그 규모가 점점 커지자, 중국 정부는 그 존재를 더 이상 무시할 수만은 없었다. 이에 대해 중국 정부가 내린 결론은 지하 시장을 합법적인 문화 콘텐츠 시장으로 인정하고 관리하겠다는 것이었다. 공산당 정권조차 제거할 수 없을 정도로 지하 시장이 거대화되었기 때문에, 현실적인 대안으로 1980년대 중반 지하 시장을 합법화하는 대담한 결정을 내린 것이다. 물론 이 결정에는 시장의 규모뿐만 아니라 정세 변화도 크게 작용했다. 개혁개방 정책이 어느 정도 진전됨에 따라 자본주의적 문화에 대한 거부감이 중국 내에서 점차 완화되었고, 1980년대에 들어 중국과 대만의 관계가 개선된 것도 하나의 요인이었다. 이렇게 해서 홍콩과 대만의 콘텐츠가 일정한 규제는 있다지만 중국 내에서 합법적으로 유통되기 시작했다. 이 콘텐츠들이 정식으로 유통되면서 중요한 것은, 문화 콘텐츠를 상품으로 유통하기 위한 규칙을 마련하는 일이었다. 이에 따라 라이선스 작품에 대한 비준 제도를 비롯해 판권 비즈니스의 제도적 기반이 점차 정비되었다. 1992년에는 중국음악저작권협회(MCSC: Music Copyright Society of China)가 설립되면서 자본주의적 문화 콘텐츠 유통 시스템이 충실히 구축되었다.

중국에 있어 1980년대 홍타이 문화를 수용한 경험은 자본주의 문화에 대한 이데올로기적 갈등을 극복함과 동시에, 판권 비즈니스에 필요한 제도적 기반을 정비할 계기를 마련했다. 이를 통해 중국은 외국, 특히 자본주의 국가의 문화 콘텐츠를 수용할 심리적·제도적 준비를 갖추게 된 것이다.

## 한중 수교

중국에서 개혁개방이 진행되고 있던 1980년대 중반, 한국은 1988년 서울 올림픽을 앞두고 경제 발전을 지속하고 있었으나, 당시 중국과 한국은 국교를 맺지 않고 있었다. 과거 한국전쟁 때 중국은 북한을 지원하기 위해 군을 파견했으니, 두 나라는 이념적으로 대립할 뿐만 아니라 실제로 전쟁을 치른 적이 있는 관계였다. 이후에도 한국은 중국과 대립하는 대만의 국민당 정권과, 중국은 한국과 대립하는 북한과 각각 우호 관계를 유지해 왔다.

그러나 1980년대에 접어들면서 이러한 관계는 점차 변화되었다. 개혁개방 정책을 추진하며 경제 성장을 추구하던 중국으로서는 신흥공업국인 한국과의 교역은 실질적으로 이익이 되는 일이었다. 한편, 한국도 거대한 인구를 가진 중국과 안정적인 관계를 확립하는 것은 공업 제품 등의 시장 확보를 위해서 중요했다. 이러한 상호 이익은 양국 간 경제 교류를 촉진했다. 더불어 1980년대 말 냉전 종식은 새로운 국제 질서를 형성하는 계기가 되었다. 당시 노태우 정부는 '북방외교'를 기치로 내걸고, 1988년 서울올림픽 개최를 계기로 동유럽 등 공산주의 국가들과 국교를 수립해 나갔다. 이러한 흐름은 결국 1992년 8월 한중 국교 수립으로 이어졌다.

한국의 문화 콘텐츠가 중국에서 수용되기 위해서는 자본주의 문화를 둘러싼 이념적 갈등의 극복, 문화 콘텐츠 비즈니스를 위한 제도 정비, 그리고 한국과의 공식적인 외교 관계 수립이라는 세 가지 장애물을 넘어야 했다. 이 장애물들은 1980년대부터 1990년대 초에 걸쳐 차례차례 극복되었다.

## 중국에서의 한국 드라마 방영

1980년대 말부터 1990년대 중반까지, 중국에서는 일본 드라마가 많이 소비되었다. 이는 도시의 젊은 층이 주요 소비자로, 세련된 분위기를 풍기는 일본의 트렌디 드라마가 그들에게 인기를 끌었기 때문이었다. 그러나 일본 드라마의 방영료가 급등하면서 TV에서의 방영이 어려워지기 시작했다. 이때 주목받기 시작한 것이 일본 드라마에 비해 방영료가 저렴한 한국 드라마였다. 한중 수교 이후 한국 드라마는 중국에서 방영되기 시작했고, 일본 드라마는 중국 방송에서 자취를 감추며 한국 드라마로 대체되었다.

중국에서 처음으로 방영된 한국 드라마는 1992년 MBC에서 방영된 〈질투〉로, 중국에서는 한중 수교 이듬해인 1993년에 방영되었다. 하지만 당시에는 일본 드라마가 우세한 시대였기에 일정한 인기는 얻었지만, 붐이라 할 정도는 아니었다. 이후 1990년대 중반 일본 드라마의 방영이 줄어들면서 한국 드라마의 존재감이 커졌다. 한국에서 1991년부터 방영되어 평균 시청률 60%를 기록한 MBC 드라마 〈사랑이 뭐길래〉는 1994년에 한 차례 중국에서 방영된 후, 1997년에 재방송되었다. 이 드라마는 재방송 시 중국에서 방영된 외국 드라마 중 시청률 2위를 기록하며 한국 드라마 붐의 시발점이 되었다. 이 가운데 한국 대중음악의 역사를 바꾸는 인기 드라마도 등장했다.

## 안재욱의 중국 진출

1990년대 중국에서 방영된 한국 드라마 중 가장 큰 인기를 누린 작품은 〈별은 내 가슴에〉이다. 이 드라마는 최진실이 연기한 주인공 연희의 신데렐라 스토리를 중심으로 전개되며, 1997년 한국 MBC에서 방영되어 최고 시청률 49.3%를 기록했다. 이후 같은 해에 홍콩에서 방영된 후 중국에서도 방영되어 폭발적인 인기를 얻었다. 오늘날엔 이 드라마가 '최초의 한류 드라마'로 불리기도 한다. 이 드라마의 성공과 함께 큰 주목을 받은 인물이 주인공 연희의 상대역 민을 연기한 배우 안재욱이었다. 민은 재벌가의 아들이자 가수라는 설정으로, 극 중에서 부른 「포에버(Forever)」는 한국에서 큰 인기를 끌었으며, 안재욱 본인도 이 곡을 통해 가수로 활동하게 되었다. 드라마 〈별은 내 가슴에〉가 중국에서 선풍적인 인기를 끌면서, 안재욱에 대한 중국 내 관심이 급증했다. 마침내 안재욱은 가수로서 중국 진출을 이루게 된다. 이는 오늘날 K팝 아이돌들의 해외 진출처럼 철저히 계획된 전략적 접근이 아니라, 드라마의 성공이 자연스럽게 가수 안재욱의 중국 활동으로 이어진 사례였다.

2000년 7월 15일, 베이징공인체육관은 그의 이름을 외치는 젊은 여성들로 가득 찼다. 콘서트 도중 안재욱이 관객들에게 마이크를 건네자, 팬들은 한국어로 그의 노래를 따라 부르며 열띤 응원을 보냈다. 이 콘서트는 중국중앙텔레비전(CCTV)을 포함한 여러 방송사에서 전국적으로 중계되었고, 안재욱은 베이징뿐만 아니라 중국 주요 도시에서 총 10회의 콘서트 투어를 성황리에 마쳤다. 당시 중국에서는 인기 배우가 가수로 활동하는 것이 일반적이었기 때문에, 배우 안재욱이 가수로서도 자연스럽게 수용되었다. 그의 인기는 예상치 못한 분야에도 영향을 미쳤다. 당시 여러 매체의 보도에 따르면, 중국 교육부가 일부 지역에서 시행한 고등학교 영어 시험 문제에 안재욱이 등장했다. 해당 시험에서는 그의 소개 글을 제시한 뒤, 이를 바탕으로 100~200자 분량의 영어 작문을 작성하도록 요구했다. 외국 연예인이 공식 시험 문제에 등장한 것은 전례가 없는 일로, 이는 안재욱이 중국에서 얼마나 큰 인기를 누리고 있었는지를 보여주는 상징적인 사례였다. 안재욱의 중국 내 성공은 한국 드라마 콘텐츠의 경쟁력을 입증함과 동시에, 한국 대중음악이 중국 시장에서도 수용 가능하다는 점을 보여주는 역사적 사례로 평가된다.

## 클론의 중국 진출

안재욱이 직접 중국에 진출하여 성과를 거둔 사례라면, 2000년대 초반 한국 가수들은 중국에서 성공하기 위해 대만을 경유하는 전략을 택하는 경우가 많았다. 이러한 전략의 롤 모델이 된 이들이 바로 과거 현진영의 백댄서 그룹 '와와'로 활동했던 클론이다.

클론은 1990년대 후반 한국 댄스 음악을 대표하는 그룹으로 국내에서 큰 인기를 끌었다. 이후 대만으로 진출했는데, 그 계기가 된 것은 클론이 1997년 한국에서 발표한 곡 「도시 탈출」이 1998년 대만의 여가수 유키수(徐懷鈺)에 의해 「묘묘(妙妙)」라는 제목으로 리메이크되어 히트한 일이었다. 또한, 당시 한국 내에서 활동하던 화교 출신 제작자 왕배영이 클론 제작진으로 참여하고 있었는데, 그가 클론의 음악을 대만에 소개하는 데 중요한 역할을 했다. 왕배영은 대만 음악 업계와 긴밀한 네트워크를 바탕으로 클론의 곡을 적극적으로 알렸다. 특히, 1996년 말에는 한국의 라인음향과 대만의 대형 레이블 록 레코드(Rock Records)가 전략적 제휴를 맺으며, 중화권 진출을 위한 기반이 마련된 상태였다.

이러한 흐름 속에서 1998년, 클론의 「빙빙빙(BING BING BING)」은 대만의 국제 차트에서 한국 노래로는 최초로 1위를 차지하는 쾌거를 이루었다. 클론의 대표곡 「쿤타리 샤바라」는 밝고 에너지가 넘치는 리듬과 춤에 맞춰 후렴구에서 '쿤타리 샤바라'를 반복하는 것이 특징이다. 가사를 완전히 이해하지 못하더라도 즐길 수 있는 점이 클론 퍼포먼스의 매력이며, 이러한 점이 국경을 초월할 수 있는 원동력이 되었다.

1990년대 말 대만은 중화권에서 문화적으로 큰 영향력을 가진 지역으로, 대만에서 유행한 것은 다소 시간이 지나면 중국 본토에서도 유행하는 것이 일반적이었다. 이러한 흐름의 대표적인 사례가 바로 클론이었다. 클론은 1999년 11월 11일부터 12일까지 이틀간 베이징공인체육관에서 한국 가수로서는 최초로 중국에서 단독 공연을 성공적으로 개최했다.

## NRG의 중국 진출

안재욱이 배우 겸 가수로, 클론이 댄스 가수로 중국에서 성공을 거두었다면, 아이돌 그룹으로서 중국에서 성공한 사례는 다섯 명으로 구성된 남성 그룹 NRG이다. NRG는 1997년에 데뷔한 1세대 K팝 아이돌 그룹 중 하나로, 소방차의 멤버였던 김태형과 정원관이 설립한 뮤직팩토리에 소속되어 있었다.

NRG는 1998년 11월, 중국에서 열린 한중 수교 6주년 기념 공연인 한중 열린 음악회에 초청되었다. 이 자리에서 NRG는 「메신저(Messenger)」를 열창하며 파워풀한 댄스 퍼포먼스를 중국 관중 앞에서 선보였다. 당시 중국에서는 댄스 음악에 익숙하지 않은 사람들이 대부분이었기 때문에 이들의 반응에 관심이 집중되었다. 그러나 중국 관객들은 기립박수를 보내며 뜨거운 반응을 보였다. 이 무대는 중국에서도 댄스 음악이 수용될 수 있음을 입증한 사례로 평가된다. NRG의 중국 내 인기는 1999년 중국의 인기 예능 프로그램 〈쾌락대본영(快樂大本營)〉 출연을 계기로 더욱 굳건해졌다. 이 프로그램에서 노래를 선보이며 본격적으로 중국 시장에 진출한 NRG는, 방송이 나간 지 12시간도 지나지 않아 방문한 백화점에서 열린 팬 사인회에 수많은 팬들이 몰려들었다. 백화점 앞이 혼란스러운 상황이 벌어질 정도로 폭발적인 반응을 얻었다. 이후 NRG는 중국 내 광고에 출연하는 등 큰 인기를 누렸다.

2000년 7월에는 중국 3개 도시에서 콘서트 투어를 진행했다. 14일 베이징의 수도체육관을 시작으로 16일 상하이, 19일 하얼빈에서 콘서트를 열어 중국 팬들을 열광시켰다. NRG는 해외에서 큰 성공을 거둔 최초의 K팝 아이돌 그룹이었다.

## H.O.T.의 중국·대만 동시 진출

당시 한국에서 최고의 그룹으로 자리 잡았던 H.O.T. 역시 중국으로 진출하며, 클론이 인기를 얻고 있던 대만과 중국 본토에서 동시에 활동을 펼쳤다. 당시에는 보통 대만을 먼저 공략한 뒤 본토로 진출하는 방식이 일반적이었지만, H.O.T.는 이례적인 동시 진출 방식을 선택했다. 1998년 5월, 한국 가수로서는 최초로 정규 앨범을 중국 본토에 정식으로 발매하며, 본격적인 중화권 활동의 시작을 알렸다. 이어 1999년 2월 4일에는 대만에서 열린 '한국 빅 4 콘서트'를 통해 대만 활동도 본격화했다.

해외에서의 활동은 멤버들에게 기대보다는 불안감을 더 크게 안겨주었다. 멤버 문희준은 "한국의 (댄스) 가수가 해외에서 유명해졌다는 이야기를 들어본 적이 없었고, 클론이 유일했기 때문에 불안했다."라고 회상했다. 토니 안 또한 "(해외에서) 실패하면 국내 인기에도 영향을 미치지 않을까 하고 멤버들끼리 이야기했었다."라며 당시의 심경을 전했다. 첫 대만 방문에서는 자신들의 인기를 실감하기 어려웠지만, 두 번째 방문에서는 H.O.T.의 인기가 눈에 띄는 방식으로 나타났다. 공항에 도착한 그들이 이동할 때, 100대가 넘는 오토바이가 그들의 차량을 따라붙었다. 이처럼 H.O.T.의 대만 진출은 짧은 시간 안에 성공을 거두었다. 이후 대만에서의 성공은 중국 본토에서의 인기로 자연스럽게 이어졌다.

## H.O.T.의 베이징 단독 공연

2000년 2월 1일, H.O.T.는 베이징에서 단독 공연을 성사시켰다. 당시 김대중 대통령은 H.O.T.의 베이징 공연에 맞춰 한국 정부를 대표하여 박지원 문화관광부 장관을 공항에 파견했다. 이에 H.O.T. 측은 소속사 대표인 이수만과 함께 이를 맞이했다. 박지원 장관은 멤버들을 만나자마자 각 멤버의 이름을 부르며 악수했는데, 이는 그의 둘째 딸이 H.O.T.의 팬이었기 때문에 멤버들에 대해 잘 알고 있었기 때문이다.

면담 자리에서 이수만은 "중국에서 성공한다면 한국의 문화적 영향력이 아시아 전역에 미칠 것"이라며 베이징 공연의 중요성을 강조했다. 또한 멤버 강타는 "중국 젊은이들에게는 아직 한국의 댄스 음악이 익숙하지 않지만, 우리가 노력한다면 중국에서도 한국 음악이 이해되고 받아들여질 것"이라고 말했고, 이에 박 장관은 "좋은 음악으로 나라에 기여해 주길 바란다"라고 답했다. 이러한 대화는 문화적 소프트 파워가 국가의 힘에 큰 영향을 미친다는 점을 염두에 둔 것이었나.

베이징에 도착한 멤버들을 기다리고 있던 것은 수많은 팬들과 TV 생중계였다. 너무 많은 팬들이 몰려들어 공항은 대혼란에 빠졌고, 중국군 공항 부대가 출동하는 사태까지 벌어졌다. 베이징 공연의 장소는 1만 2,000명을 수용할 수 있는 베이징 공인체육관이었다. 리허설에서 체육관을 본 멤버들은 이토록 많은 관중석이 과연 자신들을 보기 위해 채워질 것인가에 대해 공연 직전까지도 불안감을 느꼈다고 한다. 그러나 이는 기우에 불과했다. 무대에 오른 그들 앞에는 모든 좌석을 꽉 채운 1만 2,000명의 팬들이 기다리고 있었다. 공연 종료 후, 중국 현지 관계자는 "공인체육관에서 이 정도로 공연을 성공적으로 마친 외국 가수는 지금까지 리키 마틴과 H.O.T.밖에 없다"라고 말할 정도로 큰 성공을 거두었다.

H.O.T. 열풍은 중국 젊은이들의 문화에 큰 영향을 미쳤다. 당시 베이징 시내에는 'H.O.T. 카페'가 생겨났으며, 한국의 댄스 음

악에 맞춰 춤을 추는 젊은이들의 모습이 흔히 보였다. 한국의 힙합 패션을 입고, 헤어스타일 또한 한국 연예인을 따라하는 경우도 많았다. 이와 같은 한국 문화 열풍을 가리켜 '한류'라는 단어가 중국에서 탄생한 것은 1990년대 말의 일이지만, H.O.T.의 베이징 공연이 성공하면서 이 표현은 더욱 널리 사용되기 시작했다.

## 김대중-오부치 선언

1998년, 클론이 대만에서 큰 인기를 끌며 한국 대중음악이 본격적으로 중국 시장으로 확산되기 시작한 가운데, 한일 양국 정상은 관계 전환의 계기가 되는 선언을 공동으로 발표했다. 이른바 '김대중-오부치 선언'이다.

김영삼 정권 하에서 '역사 바로 세우기'가 본격적으로 추진되면서, 한국은 일본에 대해 과거사 문제에 대한 책임 있는 대응을 요구했다. 이에 대해 일본은 1995년 '무라야마 담화' 등을 통해, 한국에 대한 식민지 지배의 역사에 대해 "사죄와 반성"을 표명했다.

1965년 한일협정에서 애매하게 처리되었던 역사 문제에 대한 일본 정부의 기본 입장을 공식 외교문서로 명시한 것이 바로 이 '김대중-오부치 선언'이었다. 이 선언에서는 일본의 한국에 대한 "사죄와 반성"이 양국 간의 공식 외교문서에 처음으로 명문화되었다. 당시 양국 정상은 오부치 게이조 일본 총리와 김대중 대통령이었다. 선언문에는 다음과 같은 양국 정상 간의 발언이 담겨 있다. 먼저 오부치 총리는 과거사 문제에 대해 "통절한 반성

과 마음으로부터의 사죄"를 표명했고, 이에 대해 김대중 대통령
은 "진정으로 받아들이며 성의 있게 평가한다"라고 화답했다. 또
한 이 선언에서는 "정부 간 교류에 그치지 않는 양국 국민의 깊
은 상호이해와 다양한 교류"를 통해 양국 국민 간의 상호이해와
협력 관계의 구축에 기초가 마련될 수 있음을 분명히 하고 있다.
이 선언을 계기로 한일 간 문화 교류는 더욱 체계적으로 추진되
기에 이르렀다. 이미 2002년 FIFA 월드컵의 한일 공동 개최가 결
정된 상황이었으며, 이러한 흐름은 양국 간 교류 확대를 촉진할
수 있는 시대적 환경의 조성으로 이어졌다.

한국에서는 1998년부터 그동안 규제되어 왔던 일본 문화가
단계적으로 개방되었고, TV방송에서 〈짱구는 못말려〉, 〈세일러
문〉, 〈슬램덩크〉 등 일본 애니메이션이 방영되기 시작했다.

한편 일본에서도 한국에 대한 호감도가 점차 상승했다. 일본
총리부(현 내각부)의 여론 조사에 따르면, 1999년 이후 한국에 대해
'친근감을 느낀다'고 응답한 비율이 '느끼지 않는다'는 비율을 지
속적으로 상회했다. 나아가 2000년에는 '친근감을 느낀다'는 응
답이 과반수를 차지했고, 2000년대 전반기에는 이 비율이 계속
증가하는 추세를 보였다.

## 에이벡스(AVEX)와 오키나와 액터스 스쿨

한류 열풍에 대한 논의로 넘어가기에 앞서, 1990년대 J팝의 흐름
에 대해 간략히 살펴보고자 한다. '한국 붐'이 있었던 1980년대에

는 아이돌 음악과 더불어 엔카 역시 일정한 인기를 누렸으며, 한국 출신 가수가 엔카 가수로 활동하는 현상도 나타났다. 그러나 1990년대에 들어서면서 J팝이라는 새로운 장르가 탄생했고, 엔카는 급격히 '겨울의 시대'를 맞이하게 되었다.

1990년대의 J팝에는 다양한 분야의 음악이 존재했으나, 특히 주목을 끈 것은 세계적인 댄스 붐의 영향을 받아 활약한 댄스 가수들이었다. J팝 내 댄스 음악 붐을 이끈 중심에 있었던 것이 바로 에이벡스(avex)였다.

에이벡스는 1987년 마쓰우라 마사토(松浦勝人) 등을 중심으로 설립되었고, 다음 해 수입 음반의 도매 판매업체로 법인화되었다. 1990년에는 음반 부문으로 에이벡스 트렉스(avex trax)가 설립되어 음반 제작에도 본격적으로 뛰어들었다. 에이벡스의 급성장을 이끈 계기는 버블 경제가 붕괴된 이후 인기를 끌었던 디스코장 '줄리아나 도쿄'의 컴필레이션 앨범이 히트한 것이었다. 그후 고무로 데츠야(小室哲哉)가 프로듀싱한 댄스 곡들이 인기를 얻으며, 그의 프로듀싱을 받은 아티스트들은 '고무로 패밀리'로 불리게 되었다. 에이벡스는 밀리언셀러를 연이어 배출하며 일본을 대표하는 음반 회사로 성장했다. 이 시기 에이벡스에서 CD를 발표한 대표적인 아티스트로는 trf(현 TRF), 아무로 나미에(安室奈美惠), 글로브(globe) 등이 있었다.

1990년대 당시에는 1970년대 초반에 태어난 2차 베이비붐 세대가 20대에 접어들었고, 이들이 주요 소비층이 되면서 CD 판매는 유례없는 호황을 맞이했다. 버블 경제기에는 그리 활기를 띠지 못했던 일본 음악 산업이, 오히려 버블 붕괴 이후인 1990년대에 들어서면서 "늦게 찾아온 버블"이라고 불릴 정도의 높은 실적을 기록했다.

1990년대 후반에는 아무로 나미에와 같은 연예인 양성 학교인 '오키나와 액터스 스쿨' 출신의 여성 댄스&보컬 그룹 MAX와 스피드(SPEED)가 인기를 끌었다. 특히 스피드는 10대임에도 뛰어난 댄스 퍼포먼스와 가창력을 인정받으며 일본 댄스 음악계의 톱스타로 자리매김했다. 그러나 2000년 3월 정점의 인기를 누리던 스피드가 해체에 이르면서, 일본 댄스 음악계는 톱스타 부재의 상황을 맞이하게 되었다.

엔카를 대신하여 J팝의 황금기를 맞이한 1990년대 일본에서는, 서태지와 아이들, 소방차 등 한국을 대표하는 남성 그룹들이 일본 시장 진출을 시도하기도 했다. 그러나 당시 일본 대중음악 시장에서 한국의 댄스 음악이 주류로 수용되기는 어려웠으며, 이들의 활동은 전반적으로 가시적인 성과를 거두지 못했다.

소방차의 경우, 일본의 인기 코미디언 듀오인 다운타운이 이들의 곡 「어젯밤 이야기」를 '오자파멘(オジャパメン)'이라는 제목으로 커버한 바 있다. 그러나 해당 곡은 텔레비전 프로그램에서 과거 쇼와 시대의 아이돌을 연상시키는 의상과 안무, 의미가 불분명한 가사 등을 결합한 패러디 형식으로 재현되었으며, 원곡에 대한 진지한 음악적 재해석보다는 희극적 연출을 통해 소비되는 방식으로 나타났다.

한국 댄스 음악이 지닌 메시지성과 참신함을 이해하고 수용할 수 있는 사회적 분위기는, 당시의 일본 사회에서는 아직 형성되지 않은 상태였다. 당시 일본에서 한국 음악이라고 하면 우선 연상되는 것은 엔카였으며, 그 엔카가 "시대에 뒤처진" 장르로 여겨지던 J팝 전성기의 1990년대 일본 사회에서, 한국 대중음악이 정당한 평가를 받는 것은 쉽지 않은 일이었다.

한편 일본 문화 개방 등의 영향으로 1990년대 후반부터 일본의 댄스 음악이 한국에 유입되기 시작했는데, 체계적인 훈련을 통해 완성도 높은 퍼포먼스를 선보인 아무로 나미에, MAX, 스피드 등의 여성 댄스 가수들이 주목받게 되었다. 이들은 당시 한국 사회에 적지 않은 충격을 안겨주었으며, 자니스 사무소의 합숙 시스템과 함께 오키나와 액터스 스쿨의 트레이닝 방식은 이후 K팝 연습생 육성 시스템에서 하나의 참고 모델로 받아들여졌다. 특히 당시 한국에서는 여성 아이돌에게 남성에 비해 댄스 실력이 크게 요구되지 않는 경향이 있었기 때문에, 아무로 나미에나 스피드처럼 본격적으로 노래하고 춤추는 여성 K팝 아이돌 그룹의 등장에 대한 기대감이 커졌다.

## 1세대 여성 아이돌 그룹 S.E.S.

1990년대 후반, SM엔터테인먼트의 이수만이 기획한 첫 여성 아이돌 그룹으로 S.E.S.가 데뷔했다. S.E.S.는 한국 출신의 바다(1980년생), 괌에서 성장한 유진(1981년생), 일본 가나가와 출신의 재일동포 3세 슈(1981년생)로 구성된 10대 3인조 여성 그룹이다. 1997

년 11월, H.O.T.를 성공시킨 유영진이 프로듀싱을 맡은 첫 번째 앨범 『I'm Your Girl』로 가요계에 데뷔하며 큰 인기를 끌었다. 타이틀곡 「아임 유어 걸(I'm Your Girl)」은 H.O.T.의 멤버 문희준과 토니 안이 랩 피처링에 참여했으며, 이후 여성 아이돌 그룹 전성시대의 포문을 연 대표적인 곡으로 평가된다.

파워풀한 보컬이 매력인 바다, 아이돌 외모를 지닌 유진, 그리고 팬들의 마음을 사로잡는 사랑스러운 애교를 지닌 슈, 이렇게 각기 다른 개성을 지닌 세 멤버는 시너지 효과를 일으켜 많은 팬들의 사랑을 받았다. 또한 뮤식미니오에시는 [illegible] 활용했고, 각 멤버의 보컬 개성을 살린 조화로운 하모니를 곡에 녹여내어, 1세대 여성 아이돌 그룹을 선도하는 데 성공했다.

S.E.S.의 성공은 기존에 남성 중심이었던 K팝 아이돌 시장에 새로운 바람을 불어넣었으며, 이후 핑클(DSP미디어 소속, 1998년 데뷔), 베이비복스(DR뮤직 소속, 1997년 데뷔) 등 다른 1세대 여성 그룹들과 함께 Y2K 시기의 K팝을 활기차게 이끌었다.

### 일본에서의 활약이 제한적이었던 S.E.S.

한국에서 정상급 아이돌 그룹으로 자리 잡은 S.E.S.는 1998년 10월, 「메구리아우 세카이」(めぐりあう世界)라는 곡으로 일본 음반사 VAP를 통해 일본 데뷔를 했다. 당시 일본 언론에서는 이들을 '한국의 스피드'라고 소개하며 주목하기도 했다. 이후 2000년 5월에는 에이벡스로 이적하여 약 2년 동안 일본에서 활동을 이어갔다. 이들이 발표한 싱글 곡들은 일본의 텔레비전 프로그램 엔딩 테마 등으로 사용되기도 했다. 그러나 음반 판매량은 기대에 미치지 못했다. 일본 데뷔곡인 「메구리아우 세카이」가 오리콘 차트에서 37위를 기록한 것이 이들이 일본에서 발매한 싱글 중 가장 높은 순위였고, 이후 총 8장의 싱글을 발표했지만 모두 50위권 진입에는 실패했다. 여섯 번째 싱글인 「LOVE~이츠마데모 온, 언제까지나(LOVE~いつまでもオンジェカジナ)」가 100위로 가장 높은 순위였으며, 일곱 번째와 여덟 번째 싱글은 차트 진입조차 하지 못했다.

일본에서의 활약이 제한적이었던 원인으로는 여러 가지를 들 수 있지만, 우선 당시는 일본 내에서 한국 대중음악에 관심을 가지는 사람이 극히 적었고, 또 하나는 일본어로 노래를 부르긴 했지만, 멤버들이 일본어로 자유롭게 대화하지 못했다는 점이 활동에 제약 요인으로 작용했을 가능성이 크다.

S.E.S.의 멤버 중 재일 한국인 출신인 슈를 제외하면, 대부분이 일본어로 의사소통을 자유롭게 할 수는 없었다. 그러나 당시 일본의 음악 방송은 코미디언들이 진행을 맡고 있었으며, 그 방송 형식은 진행자와의 대화를 통해 아티스트의 '인간적인 면모'를 드러내는 것이 인기와 직결되는 프로모션 전략이었다.

오늘날과 같이 일정 규모의 K팝 팬층이 존재하는 상황과는 달리, 당시에는 S.E.S.의 멤버들이 유창하게 일본어로 대화하지 못한다는 점이 분명한 약점으로 작용했다. 이미 1980년대부터 일본어로 자연스럽게 소통하던 한국인 엔카 가수들에 익숙해진 일본 대중들에게, 일본어를 사용하지 못하는 외국인 아티스트는 '친근한 존재'로 받아들여지기 어려웠다. 이러한 실패를 통해 SM엔터테인먼트는 일본 시장 진출에 있어 '현지화(localization)' 전략이 핵심적이라는 사실을 인식하게 되었다. 외국 가수가 아닌, J팝 가수로서 더욱 현지화된 아티스트가 요구된 것이다.

## 보아의 일본 진출과 에이벡스와의 협력

2000년 8월, SM엔터테인먼트의 이수만이 직접 트레이닝한 10대 초반의 소녀 보아가 데뷔했다. 1986년생인 보아는 데뷔 당시 나이가 겨우 13세였지만, 뛰어난 춤 실력과 가창력으로 주목을 받았다. 데뷔 앨범 『ID; Peace B』는 당시 한국 가요계에 큰 반향을 일으켰으며, 그해 말 KMTV 가요대전에서 여자 신인상을 수상했다. 이어 2002년 발표한 「넘버 원(No.1)」은 각종 음악 방송에서 1위를 차지하며, 그녀는 한국을 대표하는 K팝 스타로 자리매김했다.

이수만은 보아를 한국에만 머무르게 하지 않았다. 그는 보아의 데뷔 초부터 일본 진출을 염두에 두었으며, 일본 최대의 음반사 중 하나였던 에이벡스의 마쓰우라 마사토에게 보아를 강력히 어필했다. 보아의 가능성을 알아본 마쓰우라와 당시 에이벡스 경영진은 당시 한국 아이돌이 일본 시장에서 성공하기는 쉽지 않을 것이라는 점을 인지하면서도 "이 정도의 재능이라면 도전할 만하다"라며 전폭적인 지원을 약속했다.

뷔한 이후, 2002년 솔로 가수 '비(Rain)'로 본격적인 활동을 시작했다. 비는 해외 진출에 적극적이었으며, 주로 태국, 일본, 중국 등지에서 활동을 전개했다. 일본에서는 2005년 2월, 일본 첫 정규 앨범 『It's Raining』을 발매하며 데뷔했다. 같은 해 태국에서 개최된 「MTV ASIA AID(MAA)」에서 최고 인기 한국 가수상을 수상했고, 일본에서 열린 「MTV Video Music Awards Japan(VMAJ)」에서는 한국 가수상을, 중국의 「CCTV-MTV Mandarin Music Honors(MMH)」에서도 올해의 한국 가수상 등을 수상하며, 아시아 각국에서 한국을 대표하는 남성 솔로 아티스트로 인정받았다. 또한 2005년 9월에는 한국 가수 최초로 일본 무도관에서 이틀 연속 단독 콘서트를 개최했으며, 같은 해 10월에는 중국 베이징에서도 대규모 공연을 성사시켰다. 이처럼 아시아 시장에서 일정한 성과를 거둔 비는, 다음 진출지로 팝 음악의 본고장인 미국을 염두에 두게 되었다. 미국의 주요 언론도 비에게 주목했으며, 2005년 11월 19일에는 CNN의 『Talk Asia』에서 '아시아를 대표하는 팝 컬처 아이콘'으로 소개되어 인터뷰가 방영되었다. 이 프로그램에서 한국인이 인터뷰 대상으로 등장한 것은 비가 처음이었다.

이러한 미디어 노출을 바탕으로 미국 내 활동을 모색하던 비는, 2006년 2월 뉴욕 매디슨 스퀘어 가든 시어터에서 'Rainy Day-New York' 공연을 개최했다. 당시에는 "관객 대부분이 아시아계다", "퍼포먼스가 미국 아티스트의 모방에 불과하다"라는 등의 비판적인 평가도 있었다. 또한 진출 규모 역시 오늘날의

BTS에 비하면 비교할 수 없을 만큼 제한적이었던 것도 사실이다. 그러나 아시아에서의 성공을 바탕으로 2000년대에 실제로 미국 무대에 진출해 활동을 펼쳤다는 점에서, 비는 K팝의 미국 진출 역사에서 선구적인 사례로 평가될 수 있다. 2006년 5월에는 미국 『TIME』지가 선정한 '세계에서 가장 영향력 있는 100인' 중 한 명으로 이름을 올렸으며, 이후에는 할리우드 영화에도 출연하는 등 다양한 글로벌 활동을 이어갔다.

# 4장

## SNS시대의 K팝 열풍: 소녀시대-KARA -트와이스-NiziU

# 1. 소녀시대와 KARA의 일본 진출과 한일 간 외교적 갈등

×✛×

## 동방신기의 등장

보아의 일본 진출을 성공적으로 이끈 SM엔터테인먼트는 에이벡스와의 협력을 유지하면서 새로운 아티스트를 일본 시장에 데뷔시켰다. 그 주인공은 남성 아이돌 그룹 동방신기(東方神起)였다. 동방신기는 2003년에 결성되어 2004년 2월 한국에서 데뷔했다. 그룹명이 한자인 것은 처음부터 일본, 중국 등 한자문화권을 겨냥한 전략적 결정이었다. 현재는 2인조로 활동하고 있지만, 원래는 5인조 그룹이었으며, 리더인 윤호와 창민, 그리고 탈퇴한 재중, 준수, 유천 모두가 1980년대 후반 출생자들이다. 동방신기의 가장 큰 특징은 기존 K팝 아이돌 그룹의 전형적 역할 분담 체계를 탈피해, 모든 멤버가 뛰어난 댄스 실력과 함께 메인보컬을 소화할 수 있는 가창력을 갖추었다는 점이다. 이 때문에 '댄스 보컬 그룹'이라는 표현으로 불리기도 했다.

SM엔터테인먼트에게 동방신기는 H.O.T.로 시작된 SM 남성 아이돌의 계보를 잇는 그룹이었다. 하지만 2004년 당시 한국 대중음악계는 1세대 아이돌의 인기가 소강상태에 접어든 이후로, '남성 그룹 공백기'로 불리는 시기였다. 당시 대중적으로 주목받은 남성 아티스트는 비나 YG엔터테인먼트 소속 세븐(SE7EN)과 같은 솔로 가수들이었다. 이러한 상황에서 SM은 다시금 그룹 아이돌을 전면에 내세웠으며, 대중성과 친근함보다는 "보통 사람이 아닌 슈퍼스타"의 이미지를 철저히 구축함으로써 차별화를 꾀하고자 했다. "동방의 신이 일어나다"라는 뜻의 그룹명 역시 신적인 존재감을 강조하는 프로모션 전략의 일환이었다. 무대 의상도 일상복이 아닌, 전투복을 연상케 하는 비현실적 콘셉트를 통해 이러한 이미지를 강화했다. 이러한 전략은 효과를 발휘하여, 2004년 연말에는 각종 음악 시상식에서 신인상을 비롯한 여러 부문에서 수상을 이어갔다. 이처럼 순조로운 데뷔에 성공한 동방신기는 곧 K팝을 선도하는 남성 그룹으로 자리매김했고, 그 뒤를 따르듯 라이벌 그룹 SS501(DSP 소속)을 비롯해 다수의 남성 아이돌 그룹들이 잇따라 데뷔하게 되었다. 이러한 2000년대 중반에 데뷔한 K팝 아이돌 그룹들은 일반적으로 '2세대 아이돌'로 분류된다.

## 동방신기의 일본 진출

한국에서 성공적으로 데뷔한 동방신기는 2005년 4월, 일본에서도 데뷔했다. SM엔터테인먼트와의 협력을 강화하고 있던 에이벡스 산하 레이블(rhythm zone)을 통해 데뷔곡 「스테이 위드 미 투나잇(Stay With Me Tonight)」을 발매했다. 이 곡은 오리콘 주간 싱글 차트에서 37위로 첫 진입했으며, 이것이 당시 최고 순위였다. 이후 1년 사이에 총 다섯 장의 싱글을 일본에서 발매했는데, 오리콘 주간 차트에서의 최고 순위는 14위에 그쳤다. 한국에서처럼 즉각적으로 대형 스타로 자리매김하기는 쉽지 않았다. 이러한 상황에 변화가 나타나기 시작한 것은 2006년 여름 이후였다. 동방신기는 점차 일본 현지 팬층을 확보해 나갔으며, 같은 해 11월에 발매한 「miss you」는 오리콘 차트 3위를 기록했다. 이후 2007년에 발매한 싱글은 2위까지 상승했다. 그리고 마침내 2008년 1월에 발매된 「Purple Line」으로 첫 오리콘 1위를 달성했다. 일본 데뷔로부터 이미 3년 가까운 시간이 지난 뒤였다. 이 해 동방신기는 일본에서 아레나 투어를 성공적으로 마쳤고, 연말에는 NHK 홍백가합전에 첫 출연했다.

한국에서는 데뷔 직후부터 대형 스타로 떠올랐던 동방신기였지만, 일본에서는 소규모 공연장이나 라이브 무대로 적합하지 않은 장소에서 팬들과 직접 교류하며 차근차근 입지를 넓혀 나갔다. 데뷔 첫해에는 인지도가 낮아 오리콘 상위 10위권 진입하기 어려웠다. 그러나 꾸준한 활동을 이어가며 3년 만에 1위를 달성했고, 이는 아레나 투어 및 홍백 출연으로 이어졌다. 그리고 2009년에는 한국인 가수로서는 최초로 도쿄 돔에서의 단독 콘서트를 실현했다.

『중앙일보』 온라인 일본어판은 「동방신기, 일본으로 향한 이유는 ①」(2009년 7월 10일자 기사)에서, 한국에서는 상상하기 힘든 동방신기의 일본 활동 초기를 다음과 같이 전하고 있다. "임시 무대도 아닌 백화점 통로의 계단이나 대학의 텅 빈 강당에서 수십 명을 모아 노래하는 동영상은, 동방신기의 한국 팬들에게 눈물 없이 볼 수 없는 전설로 남아 있다." 이러한 고군분투 끝에 동방신기는 일본에서 성공을 거두었고, 이후 일본에서도 인기 스타로 인정받으며 많은 싱글이 오리콘 차트 1위 또는 2위를 기록하게 되었다.

그런데 한국에서는 SM엔터테인먼트와의 전속계약을 둘러싸고 재중, 준수, 유천이 소송을 제기했고, 그 여파로 2010년 4월에는 일본 내 동방신기의 활동 중단이 에이벡스 측에 의해 공식 발표되었다. 결국 세 명은 SM엔터테인먼트를 떠나 JYJ를 결성했고, 동방신기의 활동은 2011년부터 2인 체제로 재개되었다. 이처럼 동방신기의 일본 진출은 파란만장한 여정이었지만, 이후 K팝 남성 아이돌 그룹들이 일본 시장에 진출하는 데 있어 하나의 롤 모델로 자리매김하게 되었다.

## 소녀시대 일본 진출과 일본의 1차 K팝 열풍

동방신기에 이어 SM엔터테인먼트는 9인조 여성 아이돌 그룹 소녀시대를 일본 시장에 진출시켰다. 소녀시대는 2007년 8월 「다시 만난 세계」를 통해 한국에서 데뷔한 이후 '골든디스크상' 등 주요 시상식에서 신인상을 수상하며 주목을 받았다. 이 시기에는 JYP엔터테인먼트 소속의 원더걸스와 DSP미디어 소속의 카라 등도 활동을 시작했으며, 이들 세 그룹은 2세대 걸 그룹을 대표하는 아이콘으로 자리매김하게 되었다. 첫 번째 정규 앨범의 타이틀곡 「텔 미(Tell me)」가 빠르게 대히트를 기록한 원더걸스의 뒤를 쫓으며 라이벌 그룹으로 활동하던 소녀시대는, 2009년 1월 발매된 「Gee」를 통해 본격적인 대중적 돌파구를 마련했다. 「Gee」는 KBS 음악 프로그램 『뮤직뱅크』에서 9주 연속 1위를 기록하는 등 각종 음악 차트에서 연속 1위를 차지하며 큰 인기를 끌었다. 이렇게 소녀시대는 마침내 한국을 대표하는 여성 아이돌 그룹으로 자리매김하게 되었다. 한국에서의 성공을 바탕으로 소녀시대는 2010년 8월 25일 도쿄 아리아케 콜로세움에서 쇼케이스를 개최했으며, 같은 해 9월 8일에는 싱글 「지니(GENIE)」를 발매하여 일본 데뷔를 이루어 냈다.

쇼케이스 개최에 앞서, 『중앙일보』 일본어판은 다음과 같이 보도했다. "소녀시대는 25일, 도쿄 아리아케 콜로세움에서 세 차례에 걸쳐 쇼케이스를 연다. 당초에는 한 차례 공연이 예정되어 있었지만, 팬들의 폭발적인 반응으로 인해 세 차례로 늘어났다. 이번 쇼케이스는 소녀시대의 일본 데뷔 기념 DVD 구매자를 대상으로 열린다. 이미 일본 언론과 음악 팬들의 주목을 받고 있으며, 2만 명의 관객이 모일 것으로 보인다." (2010년 8월 18일 보도)

이어 "11일 일본에서 발매된 소녀시대의 일본 데뷔 기념 DVD 『New Beginning of Girls' Generation』이 오리콘 DVD 위클리

음악 차트 3위, 종합 DVD 차트에서도 4위를 기록하며, 한국 여성 그룹으로서는 처음으로 오리콘 DVD 종합 차트 TOP 5에 진입했다"고 보도하며, 데뷔 시점부터 이미 높은 인기를 누리고 있었음을 전하고 있다. 이후 일본에서 발표된 두 번째 싱글 「Gee」는 6만 6,000 장의 판매고를 기록했으며, 오리콘 싱글 주간 차트에서 2위를 차지했다. 이와 같이 소녀시대는 일본에서도 인기 그룹으로 자리잡았으며, 2011년 6월에는 일본 첫 정규 앨범 『GIRLS' GENERATION』을 발매하여 오리콘 주간 차트 1위를 기록했다. 이러한 일본 내 활동을 인정받아, 2011년 연말 '일본레코드대상' 신인상을 수상했다.

소녀시대는 2010년 8월, 「미스터」로 일본 데뷔를 한 카라와 함께 일본에서 1차 K팝 열풍의 불씨를 당긴 주역으로 평가되며, 일본 내에서 K팝을 중심으로 한 2차 한류 붐을 이끌었다.

## 동방신기와 소녀시대의 차이

2000년대 중반에 일본에 진출한 동방신기와 2010년에 진출한 소녀시대 사이에는 큰 차이가 존재했다. 먼저 일본 시장에 진출한 동방신기는 소규모 공연장에서 팬들과 직접 소통하는 방식으로 꾸준히 활동해 왔다. 이러한 활동을 통해 점차 일본 내 인지도를 높였고, 장기간에 걸쳐 인기 스타로 자리매김할 수 있었다. 이에 비해 후발주자인 소녀시대의 경우, 데뷔 시점부터 이미 상당한 수의 팬이 일본에 존재하고 있었다. 소녀시대는 데뷔 쇼케이스에서 2만 명 이상의 관객을 동원할 정도로 높은 인기를 입증했다. 이러한 차이는 과연 어디에서 비롯된 것일까. 이미 보아와 동방신기가 일본에서 활약하고 있었기 때문에, 소녀시대가 상대적으로 더 쉽게 주목받을 수 있었다는 해석도 가능하다. 물론 이들의 선행 활동이 소녀시대의 인지도 상승에 긍정적인 영향을 미쳤다는 점은 부인할 수 없다. 그러나 그것만으로는 설명하기 어려운 측면이 있다. 바로 쇼케이스에 모인 팬들의 '콜' 문화 때문이다. 당시의 영상 자료를 보면, 관객들이 소녀시대가 부르는 노래에 맞추어 한국과 동일한 방식으로 한국어 콜을 외치고 있는 장면을 확인할 수 있다. 한 번도 일본에서 콘서트를 연 적 없는 '신인' 그룹을 향해, 어떻게 이러한 반응이 가능했을까?

## 스마트폰과 K팝의 확산

이러한 현상을 가능하게 만든 것은 무엇보다 정보통신기술의 발전과 그 보급이었다. 2000년대 전반기와 후반기 사이에는 일반 사용자들이 접하는 정보통신 환경에 큰 변화가 있었다. 특히 유튜브, SNS, 스마트폰의 세 가지가 본격적으로 보급되었다는 점이 주목할 만하다.

유튜브는 2005년에 서비스를 시작했고(이듬해 Google에 인수됨), 2000년대 후반부터 본격적으로 대중화된 동영상 공유 플랫폼이다. 또한 SNS는 트위터(Twitter)와 페이스북(Facebook)이 2008년부터 일본어 서비스를 시작하면서 일본 내 이용자가 급격히 증가하기 시작했다. 그 결과, 유튜브 등에 업로드된 한국의 음악방송 및 뮤직비디오 영상들이 SNS를 통해 손쉽게 공유될 수 있게 되었다. 이러한 동영상 접근성과 공유를 더욱 용이하게 만든 것이 바로 스마트폰의 등장이다. 일본 시장에서는 2008년 7월, 3세대(3G) 이동통신에 대응하는 아이폰 3G가 소프트뱅크를 통해 출시되면서 본격적인 스마트폰 시대가 열리게 되었다. 이듬해인 2009년부터는 일본의 주요 제조사뿐만 아니라 삼성 등 한국 제조사의 스마트폰도 판매되기 시작하며, 보급률이 빠르게 상승했다. 나아가 유튜브의 확산으로 인해 일본 사용자들은 한국에서의 K팝 최신 영상을 거의 실시간으로 접할 수 있게 되었다. 이러한 상황에서, 한국의 연예 기획사들은 2008년부터 2010년 사이 공식 유튜브 채널을 개설하고, 해외 팬들을 대상으로 뮤직비디오와 무대 영상을 적극적으로 공개하기 시작했다. 소녀시대가 소속된 SM엔터테인먼트 역시 2009년에 공식 채널을 개설했다.

보아와 동방신기의 활약, 그리고 한류 열풍의 영향으로, K팝 영상을 유튜브를 통해 시청하는 일본 사용자들도 점차 증가했다. 이들은 단순히 개인적으로 영상을 감상하는 데 그치지 않았고, 마음에 든 콘텐츠를 SNS를 통해 공유함으로써 K팝 영상의 확산을 유도하게 되었다.

이러한 흐름이 본격화되기 시작한 2009년 당시, 한국에서는 「Gee」가 기록적인 히트곡으로 자리매김하고 있었다. 해당 영상들은 유튜브에 업로드되어 일본에서도 빠르게 확산되었으며, 이를 접한 사용자의 일부는 소녀시대의 팬이 되었고, 나아가 팬들

간의 교류도 온라인상에서 활발히 이루어지게 되었다. 이로써 소녀시대는 일본에서 단 한 차례의 공연도 열지 않은 상태임에도 불구하고, 이미 온라인을 중심으로 팬 커뮤니티가 형성되어 있었던 것이다.

동방신기가 일본에 진출했던 2000년대 전반기에서 중반기에도 블로그나 팬사이트와 같은 플랫폼은 존재했지만, 동영상 공유나 정보 확산 측면에서는 제한적인 영향력에 그쳤다. 당시에는 아티스트 본인의 오프라인 공연이나 이벤트가 인기를 얻는 데 있어 여전히 가장 중요한 수단이었다. 그러나 소녀시대가 일본에 진출한 2010년에는 유튜브와 SNS가 K팝 확산에 있어 핵심적인 역할을 하게 되었다. 그렇기에 소녀시대는 동방신기처럼 직접 팬과 소통하는 기회를 가지기 이전 단계에서도 이미 많은 팬을 확보하고 있었으며, 팬들 또한 동영상 속 '콜'을 일본 공연장에서 그대로 재현할 수 있던 것이다. 소녀시대의 데뷔 쇼케이스는 일본에서의 본격적인 K팝 열풍의 도래를 알리는 사건이었을 뿐만 아니라, K팝의 확산 방식이 근본적으로 변화했음을 보여주는 상징적인 장면이었다.

## 일본의 1차 K팝 열풍

소녀시대와 비슷한 시기에 일본에 진출한 5인조 여성 그룹 카라는 예능 프로그램에 출연하여 일본어로 현지 방송인들과 소통하며 팬층을 확장해 나갔다. 지상파 방송에서 K팝 아이돌들의 출연 기회가 증가함에 따라, 이들은 잡지와 광고 등 다양한 매체에 도 등장하게 되었고, K팝 열풍은 일본 사회에서 점차 가시화되기 시작했다.

『겨울연가』팬을 비롯한 중장년 여성층이 중심이었던 1차 한류 열풍과 달리, 2차 한류 열풍, 즉 1차 K팝 열풍에서는 10대에서 20대 초반의 젊은 여성들이 주된 수용층으로 떠올랐다. 이들은 단지 K팝을 소비하는 데 그치지 않고, 한국 화장품, 한국 패션, 한국 음식 등 K팝 이외의 상품과 문화에도 관심을 가지게 되었으며, 이는 새로운 소비 문화를 형성하는 계기가 되었다. 도쿄 신오쿠보는 한국 관련 상점들이 밀집해 있는 지역으로, 주말마다 젊은 여성들로 북적이기 시작했다. 에이벡스의 전략에 따라 보아와 동방신기는 중장년층 중심의 '한류'와는 일정한 거리를 유지해 왔으며, 이를 통해 젊은 세대의 지지를 받는 K팝 중심의 새로운 문화가 일본에서 꽃피기 시작했다. 2010년대에 들어서면서는 '한류'와 별도로 'K-컬처(K-Culture)'라는 용어도 사용되기 시작했다.

## 빅뱅의 선진성

양현석이 이끄는 YG엔터테인먼트는, 한국에서 큰 인기를 끌고 있던 5인조 남성 그룹 빅뱅(BIGBANG)과 4인조 여성 그룹 투애니원을 일본 시장에 진출시켰다. 빅뱅은 1988년생 지용(G-DRAGON)과

태양(SOL), 1989년생 대성(D-LITE), 1987년생 T.O.P, 그리고 1990년생 승리(현재는 탈퇴)로 구성된 YG 연습생 출신의 남성 댄스&보컬 그룹이다. 2006년 8월 한국에서 데뷔한 이들은 2세대 아이돌 그룹으로 분류되며, 데뷔 4개월 만인 연말에는 서울 올림픽공원 체조경기장에서 첫 단독 콘서트를 성공적으로 개최했다.

일본에서는 2008년 인디 레이블을 통해 미니앨범을 발매하고, 도쿄 JCB홀과 오사카성 홀에서 공연을 진행했다. 이듬해인 2009년 6월에는 일본 첫 번째 싱글「마이 헤븐(MY HEAVEN)」을 발매하며 메이저 데뷔를 했고, 오리콘 주간 차트에서 3위를 기록했다. 이어 발매된 두 번째 싱글「가라가라 고!(ガラガラGO!)」역시 오리콘 주간 차트 5위를 차지하며 순조롭게 인지도를 넓혀 갔다. 2009년에는 일본레코드대상 최우수 신인상을 받기도 했다. 2010년대에 들어서면서 이들은 아시아를 넘어 유럽과 미주 지역에서도 팬층을 확보하며 세계 투어를 진행했고, BTS 등 3세대 아이돌 그룹이 주도하는 K팝의 세계화에 교두보를 마련한 그룹으로 평가되고 있다.

### '강한 여성상'을 구축한 투애니원

YG엔터테인먼트가 빅뱅의 후속 그룹으로 2009년에 데뷔시킨 팀은 4인조 걸 그룹 투애니원(2NEW1)이었다. 투애니원은 정식 데뷔 이전부터 이미 높은 주목을 받고 있었다. 2009년 3월에는 빅뱅과의 콜라보 곡 「롤리팝(Lollipop)」에 참여했으며, 해당 곡은 LG 전자의 광고 음악으로 사용되었고, 뮤직비디오에도 함께 출연하여 강렬한 비주얼과 뛰어난 가창력·퍼포먼스를 선보이며 프리데뷔 단계에서부터 화제를 모았다. 이후 같은 해 5월, 싱글 「파이어(Fire)」로 정식 데뷔했고, 기존 걸 그룹과는 차별화된 음악성과 패션 감각으로 단숨에 주목을 받았다.

멤버 구성은 다음과 같았다. 비주얼을 담당하며 필리핀에서의 연예 활동 경험도 있던 1984년생 산다라박(Dara), 파워풀한 보컬로 메인보컬을 맡은 같은 해 출생의 박봄(Bom), 리더이자 한국어·영어·일본어·불어 4개 국어가 가능하다고 알려진 1991년생 씨엘(CL, 이채린), 그리고 당시 막내이자 10대였던 1994년생 공민지로 이루어졌다.

같은 해 7월 발매된 싱글 「아이 돈 케어(I Don't Care)」는 국내 주요 음원 차트를 석권하며 대중적인 히트를 기록했다. 미디엄 템포의 레게풍 사운드와 여성의 자립을 주제로 한 가사가 어우러져 폭넓은 세대의 공감을 얻었으며, 이를 통해 투애니원은 '국민 걸 그룹'이라는 수식어까지 얻었다.

투애니원의 등장이 획기적이었던 이유는 이들이 보여준 '걸 크러시(Girl Crush)' 이미지에 있다. 당시 K팝 걸 그룹은 소녀시대나 카라와 같이 청순한 이미지를 중심으로 한 '청순 콘셉트'가 주류를 이루었으나, 투애니원은 스트리트 패션을 적극 반영하고, 자립적이며 카리스마 넘치는 스타일로 주목받았다. 특히 리더 씨엘은 기존의 페미닌한 여성 이미지에서 벗어나 새로운 여성상을 제시하며 강한 존재감을 드러냈다.

일본에서는 2011년 3월에 정식 데뷔했고, 같은 해 9월부터는 일본 6개 도시를 순회하는 첫 일본 전국 투어 '투애니원 놀자(NOLZA)'를 개최하여 약 7만 명의 관객을 동원했다. 투어 중 발매된 미니앨범 『NOLZA』는 오리콘 주간 앨범 차트에서 1위를 기록하는 등 상업적으로도 큰 성공을 거두었다. 나아가 2012년에는 『뉴 에볼루션(NEW EVOLUTION)』 투어를 통해 K팝 걸 그룹 최초의 본격적인 월드투어를 전개했다. 뉴욕, LA, 홍콩, 싱가포르 등지에서 공연을 진행하며 아시아와 북미 팬들과의 직접적인 교류를 이루었으며, 이는 K팝 걸 그룹의 글로벌화에 있어 중요한 전환점이 되었다.

투애니원은 단순한 아이돌 그룹을 넘어, 음악·패션·라이프 스타일을 아우르는 하나의 문화적 상징으로 자리매김했다. 이들이 구축한 '강한 여성상'은 후속 걸 그룹인 블랙핑크, ITZY(잇지) 등에게도 이어졌으며, K팝 내 젠더 표현의 스펙트럼을 넓히는 데 있어 투애니원이 기여한 바는 지대하다.

## K팝 전성시대

앞서 언급한 그룹들 외에도, 남성 그룹으로는 FT아일랜드(FTISLAND), 샤이니(SHINee), 투피엠(2PM), 여성 그룹으로는 포미닛(4minute), 티아라(T-ARA) 등이 일본에 진출하여 인기를 끌었다. 이 가운데 일본의 1차 K팝 열풍에 크게 기여한 동방신기, 소녀시대, 카라는 2011년 연말 NHK 홍백가합전에 나란히 출연했다.  동방신기는 세 번째 출연이었으며(2008년과 2009년에는 5인조로 출연, 2인 체제에서는 첫 출연), 소녀시대와 카라는 모두 첫 출연이었다. 이는 1989년 이후 처음으로 한국 가수가 네 팀 이상 홍백가합전에 출연한 사례로, 당시 한국 아티스트의 일본 내 위상을 가시화하는 상징적 사건이었다.

2012년으로 접어든 이후에도 K팝 그룹들의 일본 내 활동은 활발하게 이어졌다. 빅뱅은 전 세계 12개국을 순회하는 월드투어의 일환으로, 일본에서 『빅뱅 얼라이브 일본 투어』이라는 타이틀로 아이치, 가나가와, 오사카, 사이타마, 후쿠오카 등지에서 아레나 투어를 진행했으며, 전국적으로 약 45만 명의 관객을 동원했다. 또한 연말에는 도쿄 돔에서 단독 공연도 개최했다.

카라는 첫 일본 단독 아레나 투어 『카라시아(KARASIA) 2012』를 통해 요코하마, 오사카, 나고야, 후쿠오카, 도쿄, 그리고 추가 공연이 이루어진 사이타마 등 6개 도시에서 총 12회의 공연을 진행했다. 전 공연이 전석 매진을 기록했으며, 총 15만 명의 관객을 동원했다. 또한 일본 전국 60여 개 영화관에서 동시 생중계가 이루어졌는데, 이 역시 매진을 기록하며 높은 인기를 입증했다.

소녀시대는 9월, 일본에서 다섯 번째 싱글 「Oh!」와 뮤직비디오 모음 DVD 및 블루레이(BD)를 동시에 발매했다. 이 세 가지 모두 오리콘 주간 차트의 싱글, DVD, BD 부문에서 각각 1위를 차지했으며, 세 부문을 동시에 석권한 것은 해외 아티스트로서는 최초의 사례였다.

2인 체제로 재편된 동방신기는 일본 전국 투어『동방신기 라이브 투어 2012~TONE』을 개최했고, 도쿄 돔과 교세라 돔 오사카를 포함해 9개 도시에서 총 50만 명에 달하는 관객을 동원했다. 이는 과거 5인 체제 당시의 기록을 능가하는 규모였다.

일본 콘서트 프로모터 협회(A.C.P.C.)의『2012년도 기초조사보고서』에 따르면, 한국 아티스트의 공연당 평균 관객 수는 4,586명이었으며, 같은 해 북중미 지역은 1,996명, 전체 평균은 1,611명이었다. 이러한 통계를 통해 2012년 당시 일본에서 K팝 아티스트의 공연 규모가 두드러졌음을 확인할 수 있다. 이처럼 2012년은 일본 내 K팝 인기가 최고조에 달한 시기였다.

### 이명박 대통령의 독도 방문과 2012년 홍백가합전

일본에서 K팝이 큰 인기를 누리던 2012년 8월, 한국의 이명박 대통령이 영유권을 둘러싸고 한일 양국 간에 갈등이 존재하는 독도(일본에서는 다케시마로도 불리는 지역)를 전격 방문했다. 이는 한일 간 영유권 문제에 대한 갈등 속에서 이루어진 상징적인 행보로, 일본 정부는 강하게 반발했고, 주요 언론들도 이를 일제히 비판적으로 보도했다. 그동안의 한류 열풍 속에서도 한일관계의 현안은 계속 잠복해 왔다. 예를 들어 1차 한류 당시에는 고이즈미 준이치로 총리의 야스쿠니 신사 참배를 둘러싸고 한국 정부 및 여론이 비판적인 반응을 보였으나, 일본 내 한류 열풍에 큰 영향을 미치지는 않았다. 또한 양국의 외교 관계 역시 냉각되기보다는, 오히려 "문제가 있기 때문에 더욱 적극적인 외교가 필요하다"라는 입장 아래 정상 간 외교가 지속되었다.

그러나 2012년 이명박 대통령의 독도 방문은 이전과는 다른 차원에서 한일관계의 급격한 냉각을 초래했다. 그 여파는 문화 교류에도 미치게 되었고, 일본 지상파 방송에서는 K팝 아티스트들의 출연이 눈에 띄게 줄어들었으며, 일부 출판 시장에서는 이른바 '혐한' 정서를 자극하는 서적들이 상업적으로 성공을 거두기 시작했다. 이러한 분위기 속에서 11월 26일, 도쿄 시부야에 위치한 NHK에서는 연말 홍백가합전 출연 가수 명단이 발표되었다. 그러나 2012년에는 K팝 아티스트의 이름이 단 한 팀도 포함되지 않았다. 이에 대해 기자들로부터 그 이유를 묻는 질문이 쏟아졌으나, NHK는 "종합적인 판단에 따른 것"이라는 짧은 설명만 내놓았고, 구체적인 이유에 대해서는 언급하지 않았다. 또한 영토 갈등이 영향을 미친 것이 아니냐는 질문에 대해서도 NHK는 관련성을 부인했다. 하지만 2012년 당시 K팝은 일본 내에서 여전히 높은 인기를 유지하고 있었기 때문에, NHK의 설명에 대해서는 의문이 제기되었다. 같은 해 9월 정례 기자회견에서 마쓰모토 마사유키 NHK 회장이 "시청자의 반감을 우려하고 있다"라는 취지의 발언을 한 사실이 보도되면서, K팝의 배제가 한일관계 악화의 영향을 받은 것이 아니냐는 시각이 더욱 힘을 얻게 되었다. 한국 언론들 또한 정치적 배경이 영향을 미쳤다는 점을 지적하는 보도를 잇달아 내놓았다. 결과적으로 2012년부터 2016년까지 홍백가합전에서 K팝 아티스트는 완전히 자취를 감추게 되었다.

## '혐한'과 '진지전'

TV방송 등 올드 미디어에서 K팝 아티스트의 노출 기회가 줄어들었다고 해서, K팝의 인기가 급격히 하락한 것은 아니었다. K팝 아티스트들의 콘서트는 여전히 성황을 이루었고, 음원이나 음반을 통한 수익 역시 크게 감소하지는 않았다. 이러한 이유로, 2012년 여름 이후 일본 내 K팝의 상황에 대해 "악화된 한일관계와는 무관하게 붐은 지속되었다"라고 언급되는 경우도 있다. "단지 방송에서 노출이 줄었을 뿐, 큰 영향은 없었다"는 해석이다. 실제로 기존부터 인기를 끌어왔던 동방신기나 빅뱅과 같은 아티스트들은 이 시기에도 콘서트 동원 수나 매출이 꾸준했으며, 눈에 띄는 타격을 받은 것으로는 보이지 않는다. 예컨대 동방신기는 2013년 일본에서 열린 공연을 통해 89만 명을 동원했고, 빅뱅은 2014년에 무려 92만 명의 관객을 일본에서 모았다. 그러나 이러한 시각은 수치만을 근거로 한 것이며, 당시 팬들이 어떤 사회적 상황에 놓여 있었는지를 간과한 해석이다. '혐한' 분위기가 고조된 사회 속에서, K팝 팬들은 다음과 같은 말을 주변으로부터 자주 듣게 되었다.

"한국 가수를 좋아한다면 한국도 좋아하는 거냐?"

이에 대해 많은 경우 팬들은 갈등을 피하려고 "한국이 좋은 게 아니라 음악이 좋아서 듣는 것뿐"이라는 식으로 답하게 되었다. 다시 말해 K팝을 좋아한다고 말하는 순간, 영토나 역사 문제를 둘러싼 한국 정부의 입장을 지지하는 '친한파'로 간주되며, 일종의 '사상 검증'을 받는 상황에 놓이게 되는 것이다. 이 시기 일본 사회에서 K팝 팬으로 존재한다는 것은 하나의 '생존 전략'을 요구받는 일이기도 했다. 상대를 가리지 않고 쉽게 "K팝을 좋아한다"고 말하기조차 어려운 시대적 분위기 속에서, 팬들은 인터넷 공간을 일종의 아지트로 활용했다. 즉, 이는 이탈리아 철학자 안토니오 그람시(Antonio Gramsci)가 말한 '진지전(陣地戰)'을 실천한 사례라고 볼 수 있다.

그람시는 지배 이데올로기의 헤게모니에 맞서기 위한 전략으로, 정면에서 충돌하는 '정면전'과는 다른 방식의 저항, 즉 각자의 공간에서 아지트를 구축하며 일상의 다양한 장면에서 치밀하게 전개되는 '진지전'의 중요성을 강조했다.

한일관계가 극도로 나빠지고, 주류 미디어를 통해 한국에 비판적인 담론이 재생산되는 가운데, '혐한' 이데올로기가 사회 전반을 뒤덮고 있었다. 이에 맞서 팬들은 자신이 애정하는 음악을 지키기 위해 인터넷상에 아지트를 구축했다. 그리고 그 아지트를 거점으로 삼아 동지들, 즉 다른 팬들과 교류하며, '혐한' 이데올로기가 공격하는 'K팝을 즐기는 공간'을 방어하는 '진지전'을 전개한 것이다.

학교에서는 교사나 동급생으로부터, 가정에서는 배우자·부모·조부모로부터, 직장에서는 상사나 동료로부터 "왜 하필 한국 음악이냐?"라는 질문을 받더라도, 이 같은 '혐한' 담론에 저항하는 실천은 팬들의 일상 속에서 조용하지만 치밀하게 지속되었다. 이러한 K팝 팬들의 일상적 분투를 고려할 때, 단순히 "악화된 한일관계와는 무관하게 붐이 지속되었다"라고 말할 수는 없을 것이다. 이는 단순한 '지속'이 아니라, 악화된 한일관계의 틈바구니 가운데 팬들이 끈질기게 '지속해 온' 결과이기 때문이다. 이와 같은 상황은, 2017년 한 그룹의 일본 진출을 계기로 서서히 변화의 조짐을 보이기 시작했다. 바로 트와이스였다.

## 2. 트와이스의 일본 진출과 '전후 최악의 한일관계'

×✛×

### 미사모, K팝 스타를 꿈꾸며

일본에서도 높은 인기를 누리고 있는 트와이스(TWICE)는 JYP엔터테인먼트 소속의 9인조 여성 그룹으로, 멤버 중 3명이 일본인이다. 이들은 각각 미나, 사나, 모모이며, 팬들 사이에서는 세 사람을 함께 묶어 '미사모'라는 애칭으로 불리고 있다(2023년 세 사람으로 구성된 트와이스 최초의 공식 유닛 '미사모'가 데뷔했다). 이들은 K팝 스타를 꿈꾸며 일본에서 한국으로 건너와, JYP엔터테인먼트에서의 혹독한 연습생 생활을 거쳐 데뷔하게 되었다.

미나는 1997년 미국에서 태어났으며, 어린 시절 가족과 함께 일본으로 귀국하여 효고현 니시노미야시에서 자랐다. 11년간 발레를 배우며 중학생 시절부터 K팝에 동경심을 품고 댄스 학원에 다녔다. 고등학생 시절에는 오사카 백화점에서 JYP 관계자에게 캐스팅되어 오디션을 거쳐 2014년 JYP 연습생이 되었다.

사나는 1996년 오사카시에서 태어나, 중학교 시절 오사카 난바의 지하 쇼핑몰에서 JYP 관계자에게 캐스팅되었다. 이후 오디션에 합격해 2012년 JYP의 연습생으로 합류했다.

모모는 1996년 교토부에서 태어났다. 3살 때부터 댄스를 시작했으며, 초등학교 5학년 때는 이미 한국 가수 렉시(LEXY)의 뮤직비디오에 댄서로 출연한 바 있다. JYP 입사의 계기는 유튜브에 올라온 자매의 댄스 영상을 JYP 관계자가 본 것이었고, 이에 연락을 받은 모모는 오디션에 응시하여 합격, 사나와 같은 시기에 연습생이 되었다. 이 세 사람은 2015년 5월부터 한국의 음악 전문 케이블 채널 Mnet에서 방영된 오디션 프로그램 〈식스틴(SIXTEEN)〉에 참가하여 최종 데뷔 멤버로 발탁되었다. 이와 같이 미나, 사나, 모모는 제3세대를 대표하는 여성 그룹 중 하나인 트와이스의 일원으로 데뷔하게 되었다.

## 트와이스의 일본 진출

트와이스는 일본인 멤버 3인을 포함하여 〈식스틴〉을 통해 선발된 한국인 멤버 5인과 대만인 멤버 1인으로 구성된 9인조 걸 그룹으로, 2015년 10월 한국에서 데뷔했다. 2016년에 발표한 「치어 업(CHEER UP)」이 큰 인기를 끌면서 한국 내에서 대세 아이돌로 자리매김했고, '골든디스크 대상'에서 대상을, 〈엠넷 아시아 뮤직 어워드(MAMA)〉에서는 올해의 노래상을 비롯한 여러 음악상을 수상했다.

『식스틴』은 케이블 방송과 인터넷 방송을 통해 일본에서도 방영되었으며, 일본인 멤버가 포함된 트와이스는 일본에서도 주목받는 K팝 그룹으로 급부상했다. 그리고 마침내 2017년 6월, 트와이스는 워너뮤직 재팬을 통해 베스트 앨범을 발매하며 일본에 정식 데뷔했다. 일본인 멤버가 3명이나 포함된 K팝 그룹의 일본 데뷔는, 과거 "한국 가수를 좋아한다면 한국도 좋아하는 거냐"라는 질문을 무력화시키는 상징적인 사건이었다. 일본의 청년들이 꿈을 품고 한국으로 건너가 노력한 끝에, 한국인·대만인 멤버들과 함께하는 K팝 그룹의 일원으로서 일본에 돌아온 것이다.

2011년 이후 홍백가합전에서 자취를 감췄던 K팝 그룹은 2017년 트와이스의 첫 출연을 계기로 복귀했고, 2019년까지 3년 연속으로 출연하게 되었다. 이처럼 혐한 분위기를 팬들의 '진지전'으로 극복해 낸 일본의 K팝 문화는 2차 붐을 맞이하게 되었다.

2010년대의 K팝은 혐한 이데올로기가 전제하는 '한국 일국주의적'이고 '국민국가 중심적'인 프레임을 이미 탈피하고 있었으며, 멤버와 팬 모두가 다국적화된 '트랜스내셔널 문화'로 진화하고 있었다. 일본 사회에서 트와이스는 그 변화를 상징하는 존재로 자리 잡았다.

트와이스는 일본에서도 대중적으로 인정받아, 2018년에는 「웨이크 미 업(Wake Me Up)」으로 '일본레코드 대상' 우수 작품상을 수상했다. 더 나아가 2019년부터 2020년에 걸쳐 세계 16개 도시를 순회하는 첫 번째 월드투어 『2019 트와이스라이츠(TWICELIGHTS)』를 개최했고(단, 2020년 공연은 코로나19 확산으로 일부가 취소되었다), 아시아를 넘어 세계적인 인기를 자랑하는 다국적 K팝 그룹으로 성장했다.

트와이스의 성공에 이어, 일본의 AKB48 그룹과 한국의 연예 기획사 소속 연습생들이 함께 참가한 한일 합작 오디션 프로그램『프로듀스48』이 2018년 한국과 일본에서 방영되었다.『프로듀스101』시리즈의 세 번째 시즌으로 기획된 본 프로그램에서는 시청자 투표를 통해 최종적으로 12명이 선발되었고, 이들은 한일 합작 여성 그룹 아이즈원(IZ*ONE)으로 구성되어 2018년 10월에 정식 데뷔했다. 아이즈원은 약 2년 6개월간의 한정된 활동 기간 동안 한국과 일본 양국에서 높은 인기를 얻었으며, 한국에서는 가온(Gaon) 차트, 일본에서는 오리콘 차트 1위를 기록하는 등 글로벌한 성과를 거두었다.

## BTS와 블랙핑크의 일본 진출

3세대 K팝 그룹 중 일본 진출 사례로 빼놓을 수 없는 존재가 바로 BTS(방탄소년단)이다. 이들은 2013년 6월 한국에서 데뷔했고, 이듬해인 2014년 6월 일본에서도 정식 데뷔했다. 당시 일본에서는 혐한 감정이 뿌리 깊게 남아 있었고, 한국 문화 전반에 대한 반감도 강한 상황이었으나, 그 가운데서도 BTS는 주목을 받았으며, 같은 해 발매된 일본 싱글 3장은 모두 오리콘 주간 차트 8위 이내에 진입했다. 2015년 6월에는『FOR YOU』로 처음 오리콘 1위를 기록하며 일본 내 K팝 그룹 중 두각을 나타내기 시작했다. 이후에도 이들의 인기는 지속적으로 상승했으며, 2017년부터 2019년까지 발표된 일본 싱글 4곡 모두 오리콘 주간 차트 1위를 기록했다. 특히 2018년에는 전 세계적으로 폭넓은 인기를 확보했고, 일본에서도 2차 K팝 열풍의 중심적인 존재로 자리매김했다. 하지만 같은 해 11월, 멤버 지민이 과거 착용한 티셔츠에 원폭 투하를 연상시키는 사진 등이 포함되어 있다는 이유로 비판을 받았고, 이에 따라 예정되어 있던 음악 방송 출연이 취소되는 등의 파장이 일었다. 소속사 측은 "오해를 불러일으킨 점에 대해 유감"이라는 입장을 표명하고, "BTS는 전쟁에 명확히 반대한다"라고 밝혀 사태는 점차 진정 국면으로 들어갔다. 이 사건은 K팝이 일본 사회에서 널리 수용되는 한편, 역사 인식과 같은 민감한 사안에 직면했을 때의 반응과 대응의 어려움을 여실히 보여주는 사례가 되었다. 그러나 이 논란으로 인해 K팝의 인기가 하락한 것은 아니었으며, 오히려 BTS를 선두로 그 위상이 더욱 공고해지는 결과로 이어졌다.

## '전후 최악의 한일관계' 속 K팝 열풍

이처럼 '혐한'의 시대를 경험하고 '진지전'을 통해 K팝의 인기를 지켜낸 팬들의 힘이 2차 K팝 열풍(=3차 한류)을 이끌어 낸 주체였다고 할 수 있다. 그러나 이러한 붐이 한일관계의 호전이라는 결과로 나타난 것은 아니었다. 2010년대 후반부터 보도 프로그램 등에서 한일관계가 언급될 때, '전후 최악의 한일관계'라는 수식어가 빈번하게 사용되기 시작했다. 문화적 교류는 이전보다 활발해졌지만, 국가 간의 관계에서는 위안부 문제나 강제징용 문제 등 과거사에 대한 외교적 대립이 계속되어 한일관계는 여전히 불투명한 상태에 머물렀다.

이러한 '전후 최악의 한일관계' 속에서 K팝 열풍을 어떻게 이해할 것인가에 대해, SNS 등 뉴미디어의 존재를 언급하며 "이러한 새로운 미디어 덕분에 한일관계의 영향을 받지 않고 K팝을 향유할 수 있게 되었다"라고 설명하는 경우도 있다. 그러나 이러한 해석은 전적으로 틀렸다고는 할 수 없지만, 반드시 적절하다고 보기도 어렵다.

트와이스의 등장을 계기로 TV 등 기존 미디어에서도 다시 K팝 콘텐츠가 자주 노출되기 시작했지만, 한편으로는 '전후 최악의 한일관계'라는 현실 앞에서 K팝을 즐기는 것을 곱게 보지 않는 사람들도 팬들의 주변에는 존재했다. 필자가 담당하던 대학 강의에서 "아버지에게는 내가 K팝 팬이라는 걸 말할 수 없다", "할아버지 앞에서는 절대 K팝 이야기를 꺼낼 수 없다", "오빠 앞에서 K팝 영상을 보고 있으면 소리를 지르며 화낸다"라고 말한 여자 학생들이 한두 명이 아니었다. 이러한 사례들에서는 대부분 '할아버지', '아버지', '형'과 같은 '윗세대'의 남성들이 여성에게 본인의 의사와 무관하게 K팝을 듣지 말고 이야기하지 말라고 강요하는 권력이 작동하고 있다. 이는 가부장적 권력관계 속에서 개인이 자유롭게 취향을 즐기는 것을 부정하는 일종의 가족 내 괴롭힘으로 해석될 수 있다.

　　2016년 이전의 상황이 완전히 사라진 것은 아니었다. 이전과 마찬가지로, 팬들의 '진지전'을 통해 K팝의 인기는 계속 유지되고 있었다. 그 붐의 중심에 있었던 것이 바로 트와이스, BTS, 블랙핑크를 비롯한 3세대 아이돌들이었다. 이들은 일본에서의 성공에 안주하지 않고, 그 성공을 발판 삼아 세계 각지, 특히 미국 시장에 진출하여 더 큰 성과를 거두게 되었다. 이들의 세계적 성공이 아티스트 개개인의 노력의 결실이라는 것은 두말할 나위도 없다. 하지만 그 기반이 되었던 일본에서의 성공은, 팬들이 일상에서 '진지전'을 수행해 온 결과라고 볼 수 있다. 일본의 팬들은 '혐한'적 시선을 통해 K팝을 부정하는 주변의 사람들과 갈등하고 대립하며, 혹은 그들의 시선을 피하며 '팬 활동'을 지속해 온 것이다. 이러한 '혐한' 이데올로기와 가족 내 남성 중심적 권력관계에 대한 소박한 저항은, '싸우는 대중음악'으로서 형성된 K팝이 일본 사회에서 도달한 새로운 문화적 형태로 이해할 수 있지 않을까 한다.

# 3. 코로나19와 일본발 K팝 그룹 니쥬

✕✛✕

## 코로나19와 4차 한류

3세대 K팝 아티스트들은 아시아를 넘어 유럽과 미주 등 전 세계로 활동 무대를 넓혀갔다. 비행기를 타고 세계 각지를 누비며 다양한 언어로 팬들과 소통하는 모습은 더 이상 특별한 일이 아닌 일상이 되었다.

K팝이 글로벌한 성공을 거두던 2020년, 세계는 팬데믹이라는 미증유의 공포에 직면하게 되었다. 바로 코로나19의 대유행이다. 원인 불명의 바이러스 존재가 처음으로 알려진 것은 2019년 11월, 중국 후베이성 우한시에서였다. 이후 빠르게 감염 확산의 조짐을 보이자, 세계보건기구(WHO)는 2020년 1월 '국제적 공중보건 비상사태'를 선언했고, 3월에는 팬데믹 상황임을 공식 선언했다. 이러한 사태는 세계의 일상을 크게 변화시켰다. 각국은 방역을 위한 조치로 입국 제한을 시행하며 국경 간 이동을 엄격히 통제하기

시작했고, 도시 봉쇄나 외출 제한 등도 이어지면서 사람들의 일상적 행동이 광범위하게 제약받게 되었다. 이에 따라 국경을 넘어 세계 무대를 오가던 K팝 아티스트들의 활동도 위축되었다. 대규모 콘서트는 물론, 소규모 팬미팅조차 열기 어려워졌고, 결과적으로 K팝 문화의 형식 자체도 전환을 맞이하게 되었다.

코로나19의 행동 제약 속에서 많은 사람들은 이른바 '집콕' 생활을 강요당했다. 자유롭게 외출하거나 사람을 만나고, 쇼핑이나 외식을 즐기는 일상이 사라지게 된 것이다. 외부 활동이 어려워지면서 사람들은 집에서 즐길 수 있는 새로운 형태의 여가를 찾기 시작했고, 그중 하나로 TV와 인터넷 같은 미디어가 각광받게 되었다. 이 과정에서 한국의 문화 콘텐츠와 접촉하는 계기가 마련되었고, SNS 등을 통해 그 평판이 빠르게 퍼져 나가면서, 한국 콘텐츠를 코로나19 속에서 향유하는 사람들이 점차 늘어났다. 이러한 흐름 속에서 4차 한류 열풍이 일어났으며, 그 영향력은 점차 확대되어 갔다. 특히 가장 큰 주목을 받은 분야는 드라마였다. 〈사랑의 불시착〉, 〈이태원 클라쓰〉, 〈오징어 게임〉과 같은 콘텐츠는 넷플릭스 등의 플랫폼을 통해 '집콕' 생활에 문화적 위안을 제공하며 전 세계적으로 인기를 끌었다.

음악 분야에서도 비대면 콘텐츠로서의 공연 영상, 그리고 온라인 기반의 음악 제공 서비스가 활성화되면서 K팝의 인기는 더욱 높아졌다. 여기에서는 1990년대 말 이후 IT화를 발판으로 발전해 온 K팝의 구조적 강점이 유감없이 발휘되었다. 콘서트 및 팬 대상 이벤트는 온라인을 통해 진행되었고, 아티스트가 물리적으로 이동하지 않고도 전 세계 팬들과 실시간으로 교류할 수 있는 방식은 '최애'를 직접 만나지 못하는 팬들에게 위로가 되었을 뿐만 아니라, K팝의 세계적 확산에도 긍정적으로 작용했다.

## 코로나 시대의 오아시스 '니지 프로젝트'

코로나19 상황 속에서 K팝의 일본 시장은 한일 간 왕래가 사실상 불가능해지면서, 한국 아티스트의 진출이 큰 제약을 받게 되었다. 그러나 그와 동시에 큰 주목을 받은 프로젝트가 있었다. 바로 JYP엔터테인먼트와 소니뮤직이 공동으로 진행한 글로벌 여성 오디션 '니지 프로젝트(Nizi Project)'이다.

2019년 여름부터 시작된 이 오디션은 일본의 삿포로, 센다이, 도쿄, 나고야, 오사카, 히로시마, 후쿠오카, 오키나와 등 8개 도시와 하와이, 로스앤젤레스의 해외 거점을 포함하여 심사가 이루어졌으며, 총 1만 명이 넘는 지원자 중에서 1차로 26명이 선발되었다. 이들은 도쿄에서의 4박 5일 합숙을 거쳐, 한국에서의 트레이닝 캠프에 참가할 14명이 다시 선발되었다. 이후 자진 사퇴한 1명을 제외한 13명이 JYP 트레이닝 센터에서 약 6개월 동안 집중 훈련을 받았고, 3차 심사부터는 박진영 본인이 직접 심사를 맡았다. 이러한 과정을 통해 선발된 9명이 '니쥬(NiziU)'라는 이름으로 2020년 12월 정식 데뷔했다. 이와 같은 선발 과정은 인터넷을 통해 글로벌하게 공개되었을 뿐 아니라, 일본 지상파 방송사인 닛테레(NTV) 계열의 프로그램 〈무지개다리(虹のかけ橋)〉로도 방송되었고, 아침 정보 프로그램 〈슷키리(スッキリ)〉에서는 오디션 진행 상황에 맞춰 다이제스트 형식으로 소개되었다. 이러한 방송은 일본 국내에서 '집콕'이 강하게 요구되던 시기와 정확히 맞물려 있었다. 통근과 통학이 자제되는 가운데 많은 청년들이 자신의 방에 머물게 되었고, 좁은 공간에 갇혀 있던 자신과는 대조적으로, 세계를 향해 도전하는 참가자들의 희로애락에 공감하며 점차 그들의 매력에 빠져들게 되었다.

JYP엔터테인먼트가 차세대 K팝을 구상하는 과정에서 탄생한 '니지 프로젝트'는 이처럼 코로나19로 다양한 즐거움이 제한된 일본 청년들에게 하나의 오아시스 역할을 했다. 동시에, 이는 단순한 오디션을 넘어 차세대 K팝의 하나의 모델을 제시하는 기획이기도 했다.

## '일본 진출'에서 '일본 발신'으로

지금까지 살펴본 바와 같이, K팝의 각 연예기획사는 제1세대 이후로 '일본 진출'을 전략적 목표 중 하나로 설정해왔다. 이를 위해, 한국인 아티스트에게 일본어를 익히게 하고 현지화를 추진하는 방식(예: 보아, 동방신기)이나, 그룹 내에 일본어 화자인 일본인 또는 재일 한국인을 멤버로 포함시키는 방식(예: S.E.S., 트와이스) 등이 활용되었다. 그러나 최근에는 이와는 다른 새로운 접근이 등장하고 있다. 그것은 아티스트를 한국에서 일본으로 '보내는' 방식이 아니라, NiziU와 같이 일본 현지에서 인재를 선발하고, 육성하여,

활동까지 현지에서 수행하게 하는 모델이다. 다시 말해, '일본 진출'에서 '일본 발신'으로의 전략적 전환이다. 이러한 '현지 발신' 모델의 대표적인 사례로는, CJ ENM과 일본 대표 연예기획사인 요시모토 흥업이 설립한 합작법인 LAPONE 엔터테인먼트 소속의 JO1을 들 수 있다. JO1은 2019년에 방영된 오디션 프로그램 〈프로듀스 101 일본〉을 통해 선발된 11인조 보이 그룹으로, 2020년 3월 일본에서 데뷔했다. K팝식 트레이닝과 비주얼 전략을 도입하면서도 일본어로 활동하며, 철저히 일본을 기반으로 한 '일본 발신 K팝 그룹'으로 주목받고 있다. 2022년에는 NHK 홍백가합전에 첫 출연하여 그 인기를 입증했다.

2021년에는 〈프로듀스 101 일본 시즌2〉에서 파생된 INI가 데뷔했다. INI 역시 JO1과 마찬가지로 K팝식 퍼포먼스 훈련, 콘셉트 메이킹을 철저히 수행하면서도, 일본을 중심으로 활동하는 11인조 보이 그룹이다. 데뷔 싱글 『A』는 발매 첫 주에 50만 장 이상을 판매하며 오리콘 주간 랭킹 1위를 기록했다.

한편, 하이브 또한 일본 시장에 보다 적극적으로 나서고 있다. 하이브의 일본 법인인 하이브 레이블즈 제펜이 진행한 글로벌 오디션 프로젝트 〈앤 오디션 더 하울링(&AUDITION– The Howling-)〉을 통해 데뷔한 &TEAM은 2022년 12월에 정식 데뷔한 다국적 보이 그룹이다. 일본인, 한국인, 대만인 등으로 구성된 9인조 &TEAM은, BTS의 '동생 그룹'이라는 브랜드를 지니면서, 일본 방송 문화 및 팬 문화와 높은 친화성을 가진 활동을 전개하고 있다. 특히 일본 TV 방송국과의 공동 제작 프로그램을 통해 기존의 '한국→일본 진출형'과는 구별되는 하이브리드적 입지를 확립하고 있다. 이러한 '현지 발신' 모델의 등장은 단순히 지리적 활동 거점의 변화에 그치지 않고, K팝의 글로벌 확산 전략 자체의 질적 변화를 시사하고 있다. 과거의 K팝이 '한국 발, 세계행'이라는 일국 중심 모델에 의존했다면, 현재는 지역별로 인재를 선발·육성하고, 해당 문화적 맥락에 기반하여 글로벌 확산을 꾀하는 '다중심 허브 전략(multi-hub strategy)'으로 진화하고 있는 것이다. 더불어, 이 모델은 '글로컬 전략(glocal strategy)'의 전형이기도 하다. K팝의 트레이닝 시스템, 비주얼 표현, 퍼포먼스 미학과 같은 글로벌 경쟁력을 유지하면서도, 언어·문화·팬과의 소통 방식은 로컬에 최적화되어 있다. 예컨대 JO1이나 INI는 일본어를 중심으로 활동하며, 가사, 팬 이벤트, SNS 운영 등은 일본적인 감성에 기반해 전개되고 있지만, 안무, 음악 제작, MV의 미학은 K팝의 색채를 진하게 유지하고 있다. 이처럼 '글로벌한 형식 × 로컬한 내용'의 하이브리드성은 현대 K팝 국제화의 가장 큰 강점으로 작용하고 있다.

참고로 JO1이나 INI는 일본 내에서는 K팝으로 분류되기도 하지만, 한국에서는 종종 'J팝' 또는 '글로벌 보이 그룹'으로 구분되어 BTS 등과는 다른 범주로 인식되기도 한다. 한편 하이브가 프로듀싱한 &TEAM은 'K팝 5세대'로 한국 언론에서도 명확히 분류되고 있어, 'K팝이란 무엇인가', '누가 K팝 아티스트인가'라는 정의를 다시 성찰하게 만드는 사례가 되고 있다.

이렇듯 '일본 진출'에서 '일본 발신'으로의 전략 전환은 단지 활동 무대의 이동을 넘어서, K팝의 국제화가 더 이상 국가 중심의 틀에 갇히지 않고, 트랜스내셔널 문화산업으로 구조적 전환을 이루고 있음을 여실히 보여준다. 앞으로는 한국을 중심축으로 삼되, 현지 문화와 언어와의 하이브리드를 전제로 한 '다중심·다언어·다국적형 팝'이 세계 음악 시장에서 더욱 강한 영향력을 발휘하게 될 것이다.

## '혐한'과 코로나19의 시대를 넘어서

2022년에 접어들면서 치료제 개발과 백신 접종이 진전을 이루자, 세계 각국은 입국 제한을 완화하는 방향으로 움직이기 시작했다. 그 가운데 일본은 비교적 신중한 대응을 보였으나, 2022년 10월을 기점으로 입국 제한 완화하는 방향으로 돌아섰다. 그 결과, K팝 아티스트들이 다시 한일 양국을 오가며 활동할 수 있는 환경이 조성되었다. 이러한 흐름에 발맞추어, 2020년 전후로 한국에서 데뷔한 4세대 아이돌 그룹들 가운데 일본 데뷔로 이어진 사례들이 나타나기 시작했다. 그 대표적인 사례 중 하나가 6인조 여성 그룹 아이브이다. 아이브는 10월 19일에 「일레븐(ELEVEN)-Japanese ver.」을 발매하며 일본에서 정식 데뷔했고, 일본인 멤버 레이의 존재 또한 현지에서의 주목도를 높이는 요인으로 작용했다. 또한 K팝 관련 대형 이벤트 및 음악 시상식이 연달아 일본에서 개최되었다. 10월에는 글로벌 K팝 이벤트인 〈KCON 2022〉가 도쿄에서 열렸고, 11월에는 음악 시상식 〈엠넷 아시아 뮤직 어워드(MAMA))가 오사카에서 개최되었다. 두 행사 모두 관중으로 가득 찼으며, '혐한의 시대'와 '코로나의 시대'를 극복해 낸 일본 K팝 팬들의 뜨거운 열기를 보여주었다. 이어 11월 16일, NHK는 2022년 연말 홍백가합전의 출연진을 발표했다. 그 명단에는 트와이스, 아이브, 그리고 BTS가 소속된 하이브의 산하 레이블에서 한국 데뷔한 5인조 여성 그룹 르세라핌이 포함되어 있었다. 르세라핌은 일본인 멤버 사쿠라(전 HKT48)와 카즈하가 속해 있는 그룹이기도 하다.

한국에서 세 팀이 홍백가합전에 출연한 것은 2011년 이후 처음 있는 일이었다. 여기에 더해, 비록 한국에서 공식 데뷔를 하지는 않았지만 K팝 포맷을 기반으로 훈련받고 일본에서 활약하고 있는 NiziU와 JO1도 출연했다. 이렇게 해서, 총 다섯 팀의 'K팝 계열' 아티스트가 무대에 오른 2022년의 홍백가합전은, 코로나 팬데믹을 거치고도 여전히 건재한 K팝의 인기를 일본 열도 전역에 재확인시키는 상징적인 순간이 되었다.

# 5장

## 세계화하는 K팝: BTS성공의 비밀

# 1. 국경을 넘는 K팝: 아시아에서 세계로

×✛×

## 중국어권으로 진출한 1세대

세계화를 지향하며 발전한 K팝은 지금까지 어떤 방식으로 세계화를 향해 움직여 왔는가? 또 어떻게 세계화에 성공할 수 있었을까? 본 장에서는 앞서 살펴본 내용을 바탕으로 이러한 질문에 대해 조망해 보고자 한다. 우선 여기에서는 각 세대의 K팝이 어떠한 단계를 거치며 국경을 넘어 퍼져갔는지를 시간 순서로 정리하고자 한다. 우선 1세대에 대해 살펴보자. K팝 아이돌 1세대는 H.O.T.의 데뷔 이후, 1990년대 후반에 데뷔하여 K팝 시대의 서막을 연 아이돌 그룹들을 지칭한다.

1세대가 처음으로 진출한 지역은 중국과 대만 등 중화권이었다. 이러한 배경에는 중국의 개혁개방 정책, 냉전 체제의 종식, 그리고 한중 수교가 있었다. 이 같은 국제 환경의 변화 속에서 한국 콘텐츠가 중국 내에서 수용되기 시작했고, '한류'라는 용어도 이 시기에 등장했다. 또한 이 시기에는 IMF 외환 위기에 대한 대응책으로서, 한국 정부가 IT 인프라의 정비와 콘텐츠 산업 진흥을 동시에 추진했다. IT화는 MP3 파일을 통한 불법 복제의 확산이라는 부작용을 낳아 음악 산업의 수익성을 위협했지만, 이 위기를 극복하기 위해 음악 산업을 온라인 유통을 전제로 한 구조로 재편한 것은 이후 한국 음악 산업에 긍정적으로 작용했다. 한편, 일본 진출도 시도되었으나, 결과적으로 1세대의 일본 시장 진출은 성공을 거두지 못했다. 그러나 이 실패는 일본 시장을 이해하는 계기가 되었고, 다음 세대의 성공을 위한 노하우 축적으로 이어졌다.

## 일본 진출 성공: 보아부터 2세대까지

1세대의 실패를 교훈 삼아 일본 시장에서 성공을 거둔 대표적인 사례가 바로 보아였다. 보아는 일본어로 노래하고 일본어로 토크하는 'J팝 가수'로서 철저한 현지화를 시도했다. 보아는 1세대와 2세대 사이 시기에 데뷔한 세대로, 당시에는 그룹 가수보다 솔로 가수의 활동이 두드러지던 시기였다. 비(Rain) 역시 이 세대에 속하며 미국 시장 진출을 과감히 시도했다. 당시로서는 아시아 출신 아티스트로서 매우 드문 도전이었고, 오늘날의 기준으로 보면 완전한 성과라고 보기 어렵지만 세계 무대에 K팝의 가능성을 알린 선구자적인 존재로 깊은 인상을 남겼다.

보아의 일본 내 성공을 계기로, 동방신기를 비롯한 2세대 아이돌 그룹들이 일본 시장에 본격적으로 진출했다. 2세대는 대체로 2000년대 중반부터 2012년경까지 데뷔한 세대를 지칭한다.

한류 열풍을 이미 경험한 일본 사회에서는, 한국 연예인을 수용할 수 있는 문화적 기반이 형성되어 있었다. 또한, 일본을 포함한 세계 각국에서 IT화가 가속화되면서, 이를 선도적으로 추진해 온 한국의 경험이 해외 비즈니스에 실질적으로 활용될 수 있었다. 특히, 스마트폰의 보급과 SNS 및 유튜브라는 플랫폼의 확산은 이 시기 K팝이 국경을 넘는 데 중요한 역할을 했다. 일본 진출 초기의 동방신기 사례에서는 오프라인 공연이 K팝 확산에 결정적인 요소였던 반면, 소녀시대와 카라가 일본에 진출한 2010년경에는 유튜브를 통한 콘텐츠 확산이 핵심적인 역할을 하게 되었다. 그리고 2012년에는 싸이의 「강남스타일」이 미국과 유럽 등 서구권에서 큰 성공을 거두었는데, 이는 유튜브라는 글로벌 플랫폼 없이는 불가능했을 성과였다.

## 다국적화하는 3세대

이어서 등장한 3세대는 2013년부터 2017년 무렵까지 데뷔한 아이돌들을 말한다. 이 세대의 해외 활동에서 빠질 수 없는 두 가지 요소는 바로 '다국적화'와 '유튜브'이다. 일본, 중국 등 아시아 지역에서는 이미 K팝이 일정한 평가를 받고 있었고, 데뷔 전부터 해외 활동은 목표가 아닌 전제가 되어 있었다. 이러한 흐름 속에서 여러 언어를 구사할 수 있는 멤버들이나 외국인 멤버들을 포함한 그룹들이 늘어나게 되었고, 트와이스는 그 대표적인 사례다.

트와이스가 소속된 JYP 엔터테인먼트는 과거 2세대 걸 그룹인 원더걸스를 미국에 진출시키려 했지만, 기대한 성과를 얻지는 못했다. JYP를 이끄는 박진영은 그 이유 중 하나로, 현지 문화를 이해하고 소통할 수 있는 멤버가 그룹 안에 없었다는 점을 들었다. 원더걸스의 멤버들 역시 미국 진출 전 영어를 배우고, 현지 인터뷰도 영어로 소화했지만, 미국 사람들이 자연스럽게 쓰는 말투나 몸짓, 유머를 배우는 데에는 한계가 있었기 때문이다. 이러한 경험을 바탕으로 JYP는 해외 진출을 위한 전략으로 외국인 멤버를 적극적으로 포함하기 시작했다. 이미 JYP는 2008년에 데뷔한 남성 그룹 2PM에서 태국 출신 멤버 닉쿤을 기용하여 '태국어를 하는 K팝 스타'로  태국에서 큰 인기를 얻은 바 있다. 이러한 성공 사례를 바탕으로, 3세대인 트와이스에서는 일본인 멤버 3명과 대만인 멤버 1명을 포함한 다국적 멤버 구성을 통해 소통의 폭을 넓히고, 가까운 일본과 중화권에서의 인기 확보를 꾀했다. 그 결과, 한일관계 악화로 인해 '혐한' 분위기가 퍼지고 있던 일본에서 트와이스는 2차 케이팝 열풍의 불씨가 되었다.

## 3세대의 유튜브 활용

한편, 아시아를 넘어 더 넓은 지역으로 K팝을 확산시키기 위해서는 유튜브에서 전략적으로 콘텐츠를 배포하는 것이 세 번째 세대 시기까지는 필수적인 일이 되었다. 이를 가장 적극적으로 활용한 사례가 바로 블랙핑크이다.

블랙핑크가 소속된 YG 엔터테인먼트에는 과거 싸이가 소속되어 있었다. 싸이의 「강남스타일」이 유튜브를 통해 전 세계적인 히트곡이 되어가는 과정을 목격한 YG는 이후 프로모션에서 유튜브가 가지는 중요성을 깊이 인식하게 되었다. 이 경험을 바탕으로 YG는 블랙핑크의 데뷔에 앞서 유튜브를 최대한 활용했다. 데뷔 한 달 전인 2016년 7월부터 멤버들의 연습 과정을 단계적으로 공개하며 유튜브 이용자들의 관심을 끌었다. 이를 통해 블랙핑크는 데뷔 전부터 해외에서도 주목받게 되었다. YG에서 곧 데뷔할 신인들의 뛰어난 춤 실력을 본 사람들은 SNS를 통해 해당 영상을 공유했고, 당시 공유된 게시물에는 전 세계 다양한 언어의 댓글이 달리기도 했다. 이러한 사전 프로모션을 거쳐 블랙핑크는 2016년 8월에 정식 데뷔했다. 데뷔곡이 음원 사이트에서 공개된 시간은 밤 8시였지만, 단 4시간 만인 자정에는 모든 음원 차트에서 1위를 차지했다. 이후 블랙핑크는 세계적인 트렌드 리더로 성장했으며, 그 출발점은 유튜브의 적극적인 활용에 있었다. 데뷔 이후에도 블랙핑크는 '유튜브 퀸'으로 불리며 전 세계적으로 가장 많은 영상 조회 수를 기록하고 있다.

블랙핑크가 유튜브에서 강세한 이유 중 하나는 멤버 구성에 있다. 4 명의 멤버 중 제니는 뉴질랜드 유학 경험이 있어 영어에 능통하고, 로제는 호주에서 자라 영어와 한국어를 모두 사용하는 이중 언어 사용자이며, 리사는 태국 출신으로 한국어 외에도 태국어와 영어 등 여러 언어를 구사할 수 있다. 유튜브 사용자는 미국과 동남아시아에 많기 때문에 영어와 태국어에 강한 블랙핑크는 유튜브라는 플랫폼에 잘 맞았다. 이처럼 유튜브와 같은 새로운 플랫폼에 잘 적응하고 이를 전략적으로 활용하는 것은 앞으로의 K팝에게 매우 중요한 과제가 되었다.

SM엔터테인먼트의 이수만은 2016년에 'NCT(New Culture Technology)'와 이를 기반으로 한 '소통'을 SM의 미래 전략으로 제시했다. SM의 남성 그룹 '엔시티(NCT)'라는 이름에도 이러한 미래 전략에 대한 이수만의 의지가 담겨 있는 것이다.

# 2. BTS 성공의 배경: 메시지성과 이종혼종성

❌✛❌

## BTS의 성공

K팝의 세계화를 논함에 있어 BTS를 언급하지 않을 수 없다. 먼저, BTS가 성공에 이르기까지의 여정을 간단히 살펴보자. 그들이 데뷔했을 당시, 소속사인 빅히트 엔터테인먼트(현 하이브)는 약소 기획사였다. 따라서 BTS에게 처음 요구된 것은 세계 진출도, 톱스타도 아닌, "회사 문을 닫지 않게 하는 것"이었다.

BTS를 키운 방시혁은 JYP엔터테인먼트에서 오랜 기간 프로듀서로 활동하며 박진영과 함께 수많은 히트곡을 만들어 냈고, 2005년에 독립해 빅히트 엔터테인먼트를 설립했다. 빅히트 엔터테인먼트는 2010년 힙합 오디션을 통해 방탄소년단의 멤버들을 모집했고, 합격자들을 연습생으로 받아들인 뒤 현재의 멤버 구성을 완성했다. 이리하여 BTS는 2013년 6월 13일에 데뷔했으며, 데뷔곡은 「노 모어 드림(NO MORE DREAM)」이었다. 이 곡은 1990년대 갱스터 랩을 현대적으로 재해석한 곡으로, 데뷔 당시 방탄소년단의 음악적 노선은 아이돌이면서도 힙합에 가까웠다.

멤버는 다음의 7명으로 구성되어 있다. 가장 연장자인 진(1992년생), 리드 래퍼 슈가(1993년생), 메인 댄서 제이홉(1994년생), 리더이자 리드 래퍼인 RM(1994년생), 리드 보컬이자 랩도 소화하는 지민(1995년생), 비주얼 담당의 서브 보컬인 뷔(1995년생), 그리고 메인보컬이자 리드 댄서, 또한 랩도 가능한 정국(1997년생)이다. 이들은 2013년부터 다음 해 초까지 한국에서 열린 3개 주요 음악 시상식에서 신인상을 수상했고, 2014년 6월에는 한국 데뷔 곡인 「NO MORE DREAM」의 일본어 버전으로 일본에서도 데뷔했다.

2015년 4월에 발표한 세 번째 미니앨범 『화양연화 Pt.1』에서는 그동안 전면에 내세웠던 힙합 이미지에서 벗어나 보다 서정적이고 친근한 음악으로 방향을 전환했다. 타이틀곡 「아이 니드 유(I NEED U)」는 한국 음악 방송에서 첫 1위를 차지하며, BTS의 대중적 인지도를 높이는 계기가 되었다.

2017년에는 미국의 음악 시상식과 TV 프로그램에 출연한 것을 시작으로, 본격적인 미국 시장 진출을 시작했다. 2018년 5월에는 세 번째 정규 앨범 『러브 유어셀프 전 '티어'(LOVE YOURSELF 轉 'Tear')』로 빌보드 200 차트 1위를 차지하며, 한국 아티스트로서는 최초의 쾌거를 이루었다. 이렇게 BTS는 세계에서 활약하는 K팝 스타로서의 입지를 확고히 다지게 되었다.

## 순수하고 직설적인 메시지성

그렇다면 BTS가 세계적으로 성공할 수 있었던 이유는 무엇일까. 첫 번째로 들 수 있는 것은 바로 '강한 메시지성'이다. '방탄소년단'이라는 이름에는 "10대, 20대를 향한 편견을 막아내고, 음악적인 가치를 지켜낸다"라는 뜻이 담겨 있다. 그룹명이 보여주듯이, BTS는 서태지와 아이들 이후로 이어져 온 '싸우는 대중음악'의 계승자라고 할 수 있다.

BTS가 전달하는 메시지는 노랫말이나 평소의 말투, 무대 위 멘트 등 다양한 방식으로 드러나며, 이를 접한 젊은이들은 종교, 국가, 민족의 경계를 넘어 공감하고 있다. 그 메시지에는 현대를 살아가는 청년들, 더 나아가 세대를 초월해 함께 나눌 수 있는 인간의 좌절이나 불안, 외로움 같은 감정을 품어 안는 힘이 있다.

힘들고 지칠 때 곁에서 위로해 주는 듯한, 그런 따뜻한 존재로서의 메시지를 젊은이들은 BTS의 음악과 말에서 느끼는 것이다. 멤버 RM이 2018년에 유엔에서 한 연설도 그러한 내용이었다. 그것은 결코 "실패하지 말라", "강해져라" 같은 마초적인 메시지가 아니었다. 그는 인생에서의 실패에 대해 "자신 그 자체이며, 인생이라는 별자리를 이루는 가장 빛나는 별"이라고 표현했다(유니세프 일본어 홈페이지 참고). 실패하거나 고민하는 것도 바로 자기 자신 그대로의 모습이며, 그것이 자신의 인생을 만들어 간다는 것이다. 「앤서: 러브 마이셀프(Answer: Love Myself)」에서는 "누군가를 사랑하는 것보다 더 어려운 게 나 자신을 사랑하는 것이 아닐까"라고 말하며, 자신을 위해 나아가는 것의 중요성을 전한다. 이런 메시지를 산뜻한 보컬에 실어 전달함으로써, 더욱 마음을 울리는 메시지로 바뀌는 것이다. 또한 그들은 사회적인 문제에 대해서도 적극적으로 목소리를 낸다. 예를 들어, 2020년 흑인 차별에 반대하는 BLM 운동에 100만 달러를 기부했다. 이때 BTS의 팬덤 '아미'도 같은 금액을 기부했다. 게다가 코로나19 팬데믹 당시, 서구 사회에서 아시아인을 향한 혐오 범죄가 잇따랐지만, 이에 대해서도 BTS는 공식 트위터 계정을 통해 항의 메시지를 발신했다. 그 메시지에서는 자신들이 서구에서 욕을 먹고, 외모를 조롱당했던 경험을 털어놓으며, 아시아인을 향한 혐오와 폭력을 비판했다. 그 게시글에는 "#StopAsianHate", "#StopAAPI-Hate"라는 해시태그가 붙었다.

이러한 메시지성은 여성 그룹의 '걸크러시'에서도 볼 수 있는 특징이며, 여성이 "자신답게 살아가는 것"을 당당하게 노래하는 모습은 같은 여성들에게 공감을 얻고 있다. 이처럼 순수하고 직설적인 메시지는 서구 팝 음악계에서는 오래전부터 "유치하고 멋없다"라는 이미지로 받아들여지는 경향이 있어 오히려 기피되곤 했다. 하지만 앞날이 불확실한 시대를 살아가는 젊은 세대에게는, K팝이 역사적으로 계속해서 형성해 온 이 순수하고 솔직한 메시지성이 가슴 깊이 와 닿는다. 그렇기에 K팝은 더욱 매력적으로 느껴지고, 전 세계 사람들을 열광하게 만드는 요인이 된 것이다. 1990년대에 형성된 '싸우는 대중음악'은 K팝의 세계화에 있어서 지금도 큰 의미를 지니고 있다.

# 이종혼종성이 음악 문화를 강하게 만든다

K팝의 또 다른 강점은, 한국이 외래 음악을 수용하는 과정에서 체득한 이종혼종성이다. 이 책에서 살펴본 바와 같이, 19세기 서양 음악을 도입하는 과정에서부터 한국은 유럽과 미국, 일본 등 다양한 요소를 받아들이고 이를 융합함으로써 새로운 것을 창조해 왔다. K팝 역시 다양한 음악 문화가 혼합된 결과로 탄생한 것이다. 논의를 단순화하기 위해 다소 거친 설명이 될 수 있음을 양해 바란다. K팝 1세대인 H.O.T.는 미국의 댄스 음악을 비롯한 서구 음악적 요소와 일본 아이돌 음악의 요소가 결합된 사례로 볼 수 있다. 이러한 혼합은 팬층의 저변을 넓히는 장점으로 이어진다. 아이돌 '오빠'를 찾는 팬층은 물론, 사회 비판을 담은 힙합을 선호하는 층까지 아우를 수 있게 되는 것이다. 결과적으로, 서구 음악 혹은 아이돌 음악 한쪽만을 내세우는 것보다 훨씬 넓은 대중에게 어필할 수 있는 기반이 형성되는 셈이다.

BTS 역시 힙합과 아이돌의 요소를 모두 지닌 혼종형 아티스트이며, 그 외의 K팝 아이돌 그룹들 역시 스타일은 다를지언정 두 가지 요소를 동시에 갖추고 있는 경우가 많다.

미국과 일본을 중심으로 외부의 우수한 요소들 받아들이고, 이를 적절히 융합해가며 대중음악을 발전시켜온 것이 한국 대중음악의 중요한 특성이자 K팝의 성장 동력이다. 논의의 복잡함을 피하기 위해 단순화한 설명이긴 하지만, 실제로 K팝에는 이보다 훨씬 더 다양한 음악적 요소들이 혼합되어 있다. 바로 그 점이 K

팝의 강점이며, 전 세계적으로 폭넓은 지지를 받는 이유라고 할 수 있다.

팝의 강점이며, 전 세계적으로 폭넓은 지지를 받는 이유라고 할 수 있다.

# 3. 세계화가 가져온 것: '분단의 시대'의 대중문화

✕✚✕

## '분단의 시대'를 살아가는 우리

오늘날 우리가 왜 BTS의 노랫말에 위로를 받는 걸까? 그 이유 중 하나는 세계적으로 신자유주의 경쟁이 일상화되면서, 어느새 타인의 평가로 자기 가치를 판단하는 방식이 몸에 밴 사회에 살고 있기 때문일지 모른다. 이런 환경에서는 자기 긍정감이 떨어지고, 다른 사람과의 연결감도 점점 사라진다. 마치 끝없는 사막을 혼자 걷는 듯한 느낌이다. 한국 콘텐츠로 비유하자면, '오징어 게임' 처럼 남이 만든 규칙 속에서 살아남거나 탈락하게 되는 그런 세계에 던져진 기분이라고 할 수 있다. 옆 사람이 피 흘리고 쓰러져도 못 본 척해야 살아남을 수 있는, 그런 시대다. 스스로는 "이건 뭔가 이상해"라고 느끼더라도, 주변에서는 "그런 생각으론 못 살아"라고 말한다. 그 목소리는 어느 순간, 나 자신의 속마음이 되어버린다. 극단적인 경쟁 중심의 사회는 그렇게 자기 긍정감을 무너뜨리고, 타인에 대한 무관심을 당연하게 만들며, 사람들 사이를 점점 갈라놓았다.

## 세계인들은 왜 K팝을 듣는가

이런 시대에 BTS는 '자신을 사랑하는 것'의 중요성을 이야기한다. 마치 메마른 사막에 물을 뿌리는 듯하지만, 그 목소리는 음악을 통해, 그리고 그 음악을 온라인으로 공유하고 댓글을 다는 사람들을 통해 메아리친다. 그것은 단순히 음원 판매량 같은 경제적 가치와는 또 다른 차원의 가치를 만들어 낸다.

"K팝은 나에게 말해준다. 나 혼자가 아니라고. 여기 있어도 된다고."

이런 위로와 함께, 사회를 분열시키는 여러 이슈들에 대해 문제를 제기하는 힘도 K팝은 지니고 있다. 흩어진 사회를 다시 잇고, 잃어버린 타인과의 공감, 자기 자신에 대한 애정을 되살리려는 외침, 그것이 바로 K팝 안에 담겨 있다. 이건 단순히 내수 시장이 좁기 때문만이 아니며, 정부가 지원해 주기 때문만도 아니다. 시장의 한계는 해외 진출의 동기가 될 수는 있지만, 그렇다고 해외 대중이 자동으로 받아주는 건 아니다. 정부의 지원도 마찬가지다.

K팝은 다양한 음악적 요소를 받아들이는 동시에, 식민지 지배, 전쟁, 독재, 그리고 오늘날의 신자유주의 같은 사회적 고통과도 정면으로 마주하며, 고통받는 사람들의 마음에 다가가고, 자

유를 갈망해 왔다. 그렇기에, 세계의 수많은 이들이 K팝을 듣고,
그 속에서 매력을 느끼는 것이다.

# 6장

## BTS이후의 K팝: 에스파·뉴진스· 제로베이스원

# 1. 4세대 K팝, 글로벌 전략과 디지털 시대의 진화

✕✛✕

BTS의 등장은 K팝의 세계적 패러다임을 뿌리부터 바꾸어 놓았다. 특히, 2020년 빌보드 Hot 100에서 「다이너마이트(Dynamite)」로 1위를 차지한 것은 K팝이 더 이상 '아시아 팝'이라는 지역적 한계를 넘어서, 글로벌 팝 음악의 한 축으로 자리매김하는 결정적 계기가 되었다. BTS가 개척한 세계적 K팝의 지형 위에서 새로운 세대의 아이돌 그룹들이 등장했다.

2018년 이후 데뷔하고 2020년대에 접어들며 본격적인 성장을 이룬 4세대 K팝은, 기존의 아이돌 시스템을 계승하면서도 디지털 시대에 맞춰 마케팅 방식을 혁신하고 글로벌 시장을 겨냥한 전략적 변화를 꾀했다. 특히, 스트리밍 서비스와 SNS의 발전이 K팝의 전 세계적 확산을 부채질하면서, 전통적인 프로모션 방식에서 탈피하려는 움직임이 두드러지게 나타났다.

## 디지털 플랫폼을 활용한 글로벌 확장

4세대 K팝의 두드러진 특징 중 하나는 '디지털 플랫폼을 활용한 글로벌 확장'이다. 기존 K팝의 성공은 한국 내 음악 방송과 팬덤 형성에 크게 의존했지만, 4세대 그룹들은 데뷔 초부터 유투브, 틱톡, 스포티파이 등의 플랫폼을 전략적으로 활용하며 글로벌 시장을 겨냥한 마케팅을 전개하기 시작했다. 예를 들어, 스트레이 키즈(Stray Kids)는 미국 시장을 겨냥한 적극적인 프로모션을 통해 북미 음악 차트에서 존재감을 키웠다. 스트레이 키즈는 2017년 JYP 엔터테인먼트의 동명의 서바이벌 프로그램을 통해 결성된 보이 그룹으로, 그룹명에는 "구시대적 전통과 시스템을 타파한다"라는 의미가 담겨 있다. 2018년 미니앨범 『아이 앰 낫(I am NOT)』으로 데뷔한 이들은 4세대 초기의 대표적 그룹 중 하나로, 데뷔한 이후 신인상 11관왕의 기록을 달성하며 빠르게 자리매김했다. 「神메뉴(God's Menu)」 등의 곡을 통해 유럽과 미국 시장에서도 인지도를 높였고, 2019년에는 아시아, 오세아니아, 미주, 유럽을 순회하는 월드투어를 개최하며 글로벌 팬층을 확장했다. 일본에서도 요코하마 퍼시픽 홀과 요요기 제1체육관에서의 공연이 매진되었으며, 2020년 베스트 앨범 『SKZ2020』으로 일본 정식 데뷔를 이루었다.

## SNS를 활용한 프로모션 방식의 변화

4세대 K팝의 또 다른 특징은 'SNS를 활용한 프로모션 방식의 변화'이다. 틱톡의 확산으로 인해 음악의 '바이럴 히트'가 K팝 차트 성적에 큰 영향을 미치게 되었으며, 이에 따라 아티스트들이 숏폼(Short-form) 동영상 콘텐츠를 통해 팬들과 직접 소통하는 전략이 보편화되었다. 특히 신생 그룹들이 단기간에 글로벌 인지도를 확보하는 데 있어 틱톡과 같은 플랫폼이 중요한 역할을 하게 되었다.

SM엔터테인먼트 소속 4인조 걸 그룹 에스파의 「넥스트 레벨(Next Level)」과, 한국인 5명과 일본인 1명으로 구성된 아이브의 「애프터 라이크(After LIKE)」는 틱톡을 비롯한 SNS에서 확산되면서 글로벌한 인지도를 단숨에 높였다. 특히, 댄스 챌린지와 사용자들이 제작한 리믹스 영상이 빠르게 퍼지면서, 기존 미디어 프로모션과는 다른 방식으로 곡이 바이럴 히트를 기록하며 전 세계 청중들에게 전달할 수 있었다. 이러한 새로운 프로모션 방식은, 아티스트 측에서 음악과 안무 일부를 의도적으로 배우기 쉬운 형태로 설계함으로써 팬들이 자발적으로 콘텐츠를 공유하도록 유도하는 구조를 만들어 냈다. 그렇게 팬들은 단순한 소비자가 아닌 콘텐츠의 2차 창작과 확산의 주체로서 더욱 적극적인 역할을 하게 되었으며, 아티스트와 청중 간의 관계 또한 더욱 상호적이고 긴밀하게 진화하고 있다. 틱톡과 같은 숏폼 동영상 플랫폼의 확산은 K팝의 마케팅 기법을 크게 변화시키며, 곡이 히트하는 방식을 새롭게 정의하는 계기로 작용했다.

## 메타버스를 활용한 새로운 세계관의 구축

더 나아가, 에스파는 '메타버스'라는 개념을 도입하여 디지털 공간을 활용한 프로모션을 전개함으로써 기존 아이돌과는 차별화된 방식으로 팬층을 형성했다. 그룹명 에스파는 '아바타(Avatar) X 체험(Experience)'을 의미하는 'æ'와, '양면성'을 뜻하는 'aspect'를 조합한 단어로, "자신의 또 다른 분신인 아바타와 만나, 새로운 세계를 경험한다"라는 콘셉트를 담고 있다. 이 독창적인 콘셉트 아래, 멤버들은 가상 세계 「플랫(FLAT)」에서 'æ'라는 아바타를 보유하고 있으며, '싱크(SYNK)'를 통해 현실의 멤버와 연결된다. 또한, 'P.O.S'라는 싱크홀을 통해 현실과 가상 세계를 오가는 '리콜(REKALL)'이라는 개념을 설정하며, 에스파는 현실과 가상이 융합된 새로운 세계관을 구축했다.

## 글로벌 시장의 변화와 적응

4세대 K팝은 '글로벌 시장의 변화'에도 적극적으로 대응할 필요가 있었다. 특히, 중국 정부의 한류 콘텐츠 규제 강화로 인해 K팝 기획사들은 중국 시장 의존도를 낮추고 일본, 미국, 동남아시아 시장으로의 전개를 가속화하는 움직임을 보였다. 이에 따라, 한국 엔터테인먼트 기업들은 일본 시장에서는 기존의 현지화 전략에서 벗어나 한국어 곡을 그대로 발매하는 방식을 채택했다. 아이브나 르세라핌 같은 그룹들은 일본 시장을 겨냥한 프로모션을 강화하면서도, 한국어 곡이 그대로 수용되는 환경이 조성됨으로써 K팝이 일본 음악 시장에서 단순한 '외국 음악'이 아닌 '자국 음악 시장의 일부'로 인식되는 경향이 강해졌다. 이러한 변화 속에서, 4세대 K팝은 기존의 'J팝과의 차별화'에서 'J팝과의 융합'으로 나아가고 있다. 그 대표적인 사례가 바로 한일 혼성 그룹들의 성공이며, 그 중에서도 르세라핌(LE SSERAFIM)이 대표적인 예로 꼽힌다.

르세라핌은 하이브 산하 소스뮤직에서 데뷔한 5인조 걸 그룹(데뷔 당시 6인조)으로, 한국인 멤버 3명(그중 한 명은 미국에서 성장한 바이링구얼)과 일본인 멤버 2명이 함께 활동하는 형태를 취하고 있다. 2022년 데뷔한 이들은, 강렬한 퍼포먼스와 "자신을 믿고 거침없이 나아간다"라는 힘찬 메시지를 전면에 내세우며 국내외에서 큰 주목을 받았다. 특히, 일본 출신으로 HKT48(일본 아이돌 그룹) 및 아이즈원에서 활약한 미야와키 사쿠라와 같은 아이즈원 출신인 김채원이 참여한 점이 화제가 되며, 데뷔 초기부터 한일 양국에서 높은 관심을 받았다. 이러한 한일 혼성 그룹들의 성공은, K팝이 일본 시장에 더욱 깊이 자리 잡았음을 보여주는 사례라 할 수 있다.

## J팝과 K팝의 융합

한편, 최근 일본 음악계에서도 K팝의 영향력이 뚜렷하게 나타나고 있으며, J팝 아티스트들이 K팝 스타일을 적극적으로 수용하는 사례가 증가하고 있다. 그 대표적인 예 중 하나가 BE:FIRST이다. BE:FIRST는 트리플 에이(AAA)의 SKY-HI가 주최한 일본의 오디션 프로그램 〈더 퍼스트(THE FIRST)〉를 통해 결성된 7인조 보이 그룹으로, 2021년 데뷔 이후 일본 음악 산업에서 'J팝과 K팝의 융합'을 상징하는 그룹 중 하나로 주목받고 있다.

BE:FIRST의 음악과 콘셉트에는 K팝의 영향이 짙게 반영되어 있으며, 고퀄리티 퍼포먼스, 스토리텔링 중심의 콘셉트 기획, 정교한 마케팅 전략 등 기존 J팝과 차별화된 접근 방식을 채택하고 있다. 이들의 음악은 힙합, R&B, 일렉트로닉 뮤직을 기반으로 한 글로벌한 사운드를 지향하며, K팝 그룹처럼 세련된 퍼포먼스 중심의 무대 연출을 강점으로 삼고 있다. 또한, 프로모션 전략 역시 K팝의 영향을 받아 틱톡과 유투브를 적극 활용한 팬 소통 방식, 퍼포먼스 영상의 세밀한 디테일까지 계산된 브랜딩 전략 등, 디지털 시대에 최적화된 마케팅 방식을 전개하고 있다. BE:FIRST의 성공은 일본 국내뿐만 아니라 아시아권에서도 주목받고 있으며, 한국 음악 스타일과 일본 아티스트들의 개성이 결합된 새로운 형태의 J팝을 제시하고 있다. 이처럼, 4세대 K팝은 단순히 J팝과 나란히 존재하는 것이 아니라, J팝 아티스트들의 음악 스타일과 프로모션 전략에도 깊은 영향을 미치고 있다. 이에 따라 "K팝적 요소를 결합한 J팝"의 등장이 점점 두드러지고 있다. BE:FIRST와 같은 아티스트들의 증가로 인해, 향후 한일 음악 시장의 경계는 더욱 모호해질 것이며, K팝과 J팝의 융합은 더욱 진화해 나갈 것으로 예상된다.

# 2. 뉴진스의 등장과 4세대 혁신

✕✛✕

## 뉴진스의 데뷔

이러한 변화 속에서 2022년 뉴진스(NewJeans)가 데뷔했다. 뉴진스는 하이브 산하의 독립 레이블 ADOR(All Doors One Room)를 통해 데뷔했다. 당시 ADOR의 대표이자 뉴진스의 프로듀서를 맡았던 민희진은, 원래 SM엔터테인먼트에서 샤이니, f(x), 레드벨벳 등의 그룹 콘셉트를 총괄했던 크리에이티브 디렉터로 오랜 경력을 쌓은 인물이다. 그런 그녀가 하이브에서 독립 레이블을 설립하고 뉴진스라는 그룹을 탄생시킨 것은 K팝 업계에 큰 반향을 일으켰다.

뉴진스의 등장은 4세대 K팝이 성숙기에 접어들던 시점에서 새로운 방향성을 제시한 결정적인 사건이었다. 이들은 기존 K팝의 프로모션 전략과 아이돌 이미지에 변화를 불러일으키며, 내추럴한 콘셉트와 음악 중심의 마케팅 기법을 채택함으로써 4세대 후반에 새로운 흐름을 만들어 냈다. 그 영향력은 K팝이라는 틀을 넘어 국내외 음악 시장 전체로 확산되었고, 아이돌의 존재 자체에 대한 정의를 다시 쓰는 움직임으로 이어졌다.

뉴진스가 기존 K팝 그룹들과 크게 차별화되는 지점 중 하나는 데뷔 전략에 있다. 종래의 K팝 그룹들은 데뷔 이전에 수많은 티저와 콘셉트 영상을 공개하며, 비주얼과 그룹 세계관을 강하게 강조하는 방식으로 팬덤을 사전에 형성하고, 데뷔와 동시에 시장에서의 존재감을 확립하는 전략을 펼쳐 왔다. 그러나 뉴진스는 이러한 접근을 완전히 뒤엎고, 사전 예고 없이 뮤직비디오 〈어텐션(Attention)〉을 기습적으로 공개하는 게릴라 전략을 택했다. 덕분에 청중들은 선입견 없이 음악 자체를 즐길 수 있었고, 데뷔 초기부터 음악 본연의 매력을 어필하는 데 성공했다.

## 음악적 세련미와 자연스러움

이들의 음악 스타일 역시 기존 K팝 트렌드와 뚜렷한 차이를 보인다. 4세대 K팝은 일렉트로닉 댄스 뮤직(EDM)과 힙합을 기반으로 한 강한 퍼포먼스 중심의 곡들이 주류를 이뤘으며, 콘셉트 주도의 음악이 시장을 지배했다. 이에 비해 뉴진스는 UK 개러지, 얼터너티브 R&B, 로파이 힙합 등 다양한 장르를 적극적으로 수용하며 세련된 음악성을 제시했다. 이들의 음악은 과도한 디지털 보정을 지양하고, 부드럽고 따뜻한 사운드를 특징으로 하며, 기존 K팝 아이돌이 중시하던 '완벽한 퍼포먼스'나 '화려한 비주얼'에 의존하지 않는 스타일을 확립했다. 이러한 음악적 접근은 변화하는 청중의 취향과도 맞아떨어졌다. 여전히 전통적인 K팝의 화려한 연출과 콘셉트에 매력을 느끼는 팬층도 많지만, 보다 자연스럽고 현실적인 아티스트상을 선호하는 새로운 팬층 역시 빠르게 성장하고 있었다. 뉴진스는 이러한 흐름을 정확히 포착해, 아이돌을 '먼 존재'가 아니라 '친근한 아티스트'로 인식시키는 브랜딩에 성공했다. 특히, 소셜미디어 마케팅에서도 기존 K팝 그룹들이 보여주던 '완벽함'을 내세우기보다는, 멤버들의 자연스러운 모습과 캐주얼한 분위기를 강조해 새로운 유형의 아이돌 이미지를 구축해 나갔다.

## 바이럴 마케팅

뉴진스의 영향은 음악의 장르나 콘셉트에만 국한되지 않는다. 이들의 음악은 글로벌 시장에서도 큰 반향을 일으켰고, 특히 틱톡을 중심으로 폭발적인 히트를 기록했다. 틱톡은 사용자가 짧은 댄스 영상이나 립싱크 영상을 공유하는 플랫폼으로, 최근 K팝 프로모션의 핵심 매체로 자리 잡고 있다. 뉴진스의 〈Ditto〉와 〈OMG〉는 이 플랫폼을 통해 자연스럽게 확산되며, 청중들이 자발적으로 음악을 퍼뜨리는 흐름을 형성했다. 이로 인해 기존 K팝의 하향식 프로모션과는 달리, 팬들의 자발적인 참여와 개입을 통해 음악이 성장하는 새로운 마케팅 모델이 확립되었다. 이처럼 뉴진스의 등장은 K팝의 새로운 스타일을 확립했을 뿐 아니라, 음악 소비 방식과 프로모션 전략에도 심대한 영향을 미쳤다.

## 새로운 아이돌 브랜딩

게다가 뉴진스는 아이돌 브랜딩에 있어서도 새로운 접근 방식을 제시했다. 기존 K팝 그룹들이 음악 활동을 중심으로 하면서 패션이나 뷰티 분야로 활동 영역을 확장해왔다면, 뉴진스는 데뷔 초기부터 음악과 패션, 라이프 스타일을 불가분의 것으로 규정하며, 단순한 아티스트를 넘어 하나의 '브랜드'로 각인시키는 전략을 취했다.

이들은 데뷔 후 얼마 지나지 않아 리바이스(Levi's)의 글로벌 앰배서더로 발탁되었고, 이후 세계적인 패션 브랜드들과의 협력을 통해 음악뿐 아니라 문화 전반에 영향을 미치는 존재로 부상했다. 이는 단순히 K팝 아이돌이 브랜드의 모델로 소비되는 게 아니라, 그들 자신이 패션의 일부로 받아들여지고, 스타일 자체가 경향성을 주도하는 역할을 한다는 점에서 의미가 깊다. 뉴진스의 꾸밈없으면서도 세련된 스타일은 젊은 세대를 중심으로 절대적인 지지를 받으며, 패션 영역에서도 큰 영향력을 발휘하고 있다.

뉴진스는 리바이스에 그치지 않고 샤넬, 구찌, 버버리 등 럭셔리 브랜드의 앰배서더로도 활동하며, K팝과 글로벌 패션의 협업이 하나의 주요 전략 축이 되고 있음을 보여주었다. 특히 각 멤버가 서로 다른 브랜드와 앰배서더 계약을 맺음으로써, 멤버 개별의 개성을 살리는 동시에 그룹 전체로는 다양한 패션 세계를 아우르는 영향력을 발휘하고 있다. 이러한 관계는 기존의 단순한 광고 협업을 넘어, 브랜드가 뉴진스의 세계관과 서사에 스며드는 방식으로 이루어지며, 더욱 전략적인 브랜드 파트너십으로 진화하고 있다.

## K팝의 경계를 넘는 영향력 확대

이러한 흐름은 K팝 아이돌이 단순히 음악을 전하는 존재를 넘어, 라이프 스타일 브랜드의 일부로 기능하는 새로운 가치를 창출하고 있음을 보여준다. 기존 아이돌 시장에서는 패션이나 뷰티가 어디까지나 부수적인 요소로 여겨졌지만, 뉴진스는 음악, 패션, 문화의 경계를 허물며, 총체적인 브랜드 가치를 제시하는 새로운 브랜딩 모델을 구현해 냈다. 이러한 접근은 K팝이 향후 더 다양한 비즈니스 모델을 창출할 가능성을 시사하며, 아이돌이 단순한 퍼포머가 아닌, '라이프 스타일의 상징'으로 기능하는 시대의 도래를 예고하고 있다. 이러한 영향은 뉴진스 개별 그룹에만 국한되지 않고, 앞으로 K팝 산업 전반에 걸쳐 파급될 것으로 보인다. 뉴진스의 성공을 계기로, 다른 그룹들 또한 '음악×패션×라이프 스타일'을 핵심 축으로 삼은 브랜딩 전략을 한층 강화하려는 움직임이 뚜렷해지고 있으며, K팝 아이돌의 존재 양식 자체가 더욱 광범위한 문화적 영향력을 지닌 방향으로 변화하고 있다.

　뉴진스의 등장은 K팝이 단순한 음악 장르를 넘어 총체적인 문화적 움직임으로 진화하고 있음을 여실히 보여주는 사례라

할 수 있다. 뉴진스의 성공은 K팝이 단지 음악 산업에 그치는 것이 아니라, 디지털 시대에 부합하는 '토털 엔터테인먼트'로서 진화를 거듭하고 있음을 상징적으로 드러내는 장면이었다. 이러한 흐름은 앞으로 등장할 5세대 K팝 그룹들에게도 지대한 영향을 미치며, 새로운 음악 시장의 지형을 형성해 나가는 데 중요한 전환점이 될 것이다.

# 3. 5세대 K팝의 전개와 새로운 방향성

✕✛✕

## 5세대: 팬을 '동반자'로

5세대 K팝은 4세대가 구축한 세계화와 디지털 시대에의 적응을 기반으로 하여, K팝이라는 장르와 산업의 정체성을 재정립하려는 새로운 국면으로 진입하고 있다. 이 세대의 중심에는 '완성된 스타상'의 제시에서 '공감 가능한 성장 과정의 공유'로, '고정된 콘셉트 중심의 연출'에서 '유연하고 개인성을 존중하는 표현'으로의 전환이 자리하고 있다. 4세대가 정교한 세계관과 치밀한 마케팅 전략을 통해 시장을 확장해 왔다면, 5세대는 이를 넘어서 탈구축적이고 분산적이며 생성 중심의 접근 방식을 통해 팬덤과의 새로운 관계성을 구축하고자 한다.

그 대표적인 사례로 2023년 Mnet의 서바이벌 프로그램 〈보이즈 플래닛(BOYS PLANET)〉을 통해 탄생한 9인조 보이 그룹 제로베이스원을 들 수 있다. WAKEONE 소속의 이 그룹은 프로그램 방영 당시부터 국내를 넘어 아시아, 북미, 유럽 등지에서 빠르게 팬층을 형성해 갔다. 〈보이즈 플래닛〉은 다국적 구성과 시청자 참여형 포맷을 특징으로 하며, 전 세계 시청자들이 실시간으로 참가자들의 성장과 인간관계를 지켜보며 그룹 결성의 과정을 함께 경험하도록 설계되어 있었다. 그 후 제로베이스원은 정식 데뷔 이전부터 막강한 팬덤을 구축했고, 데뷔 앨범 『YOUTH IN THE SHADE』는 발매 첫 주에만 180만 장 이상을 판매하며 K팝 사상 최초로 데뷔 앨범으로 더블 밀리언셀러를 달성했다. 이러한 놀라운 성과는 단순히 기존 K팝 마케팅 전략의 반복만으로는 이룰 수 없는 결과였다. 그들의 성공에는  유튜브와 틱톡 등 숏폼 영상 플랫폼의 적극적인 활용, 팬들과의 실시간 소통, 멤버 개개인의 서사성을 강조하는 전략 등 디지털 세대에 적합한 감각이 깊이 작용하고 있다. 예를 들어 틱톡에서는 신곡의 일부분이 자연스럽게 댄스 챌린지로 확산되어, 앨범 발매 이전부터 자발적인 관심과 화제를 불러일으켰다. 또한 멤버들의 일상과 연습 장면을 SNS를 통해 지속적으로 공개함으로써, '완성된 아이돌'이 아닌 '진행형의 아이돌'로서의 매력을 부각시켰고, 팬들은 이러한 변화의 흐름에 감정적으로 동참하며 새로운 팬덤 문화를 형성해 나갔다.

같은 해 SM엔터테인먼트에서 데뷔한 7인조 보이 그룹 RIIZE(라이즈) 역시 5세대의 특성을 잘 보여주는 사례다. 이들은 '리얼타임 오디세이(Real-time Odyssey)'라는 콘셉트를 바탕으로, 설정된 세계관이나 서사 없이 멤버들의 성장 여정을 있는 그대로 공유하는 방식을 택했다. 데뷔 이전부터 공식 SNS 및 유투브 채널을 통해 연습과 일상에 가까운 장면, 멤버 간의 자연스러운 상호작용을 지속적으로 공개함으로써 팬들은 실시간으로 그들의 '성장 서사'에 몰입하고 동행할 수 있었다. 여기서 중요한 가치는 '완성도'가 아니라 '현재 진행형의 진정성'에 있으며, 일상적 변화와 관계 맺음 자체가 하나의 콘텐츠로 기능하게 된다. 이와 같은 전략은 기존 K팝이 쌓아온 '완벽한 연출과 비주얼' 중심의 스타상과 차별화되는 접근으로, 오히려 불완전함과 친밀함을 공유함으로써 신뢰와 공감을 쌓아가려는 Z세대의 감수성과 맞닿아 있다. 팬은 더 이상 일방적으로 스타를 숭배하는 존재가 아니라, 함께 여정을 만들어가는 '동반자'로 여기고 있으며, 이러한 관계성이 새로운 팬덤 문화의 핵심으로 부상하고 있다.

## 자기 주도형 아이돌 보이넥스트도어

한편, 하이브 산하에서 지코(ZICO)가 이끄는 KOZ 엔터테인먼트를 통해 2023년 데뷔한 6인조 보이 그룹 보이넥스트도어(BOYNEXTDOOR)는 탁월한 자기 프로듀싱 능력과 친근한 현실 감각을 바탕으로 데뷔 직후부터 젊은 세대의 높은 관심을 받았다. 이들의 음악은 거창한 콘셉트나 난해한 메시지를 배제하고, 10대들이 공감할 수 있는 연애, 우정, 실패, 불안 같은 일상적 주제를 솔직하고 경쾌한 방식으로 풀어낸다. 가사와 뮤직비디오에는 강한 서사성이 반영되어 있으며, 이는 짧은 드라마를 보는 듯한 몰입감을 제공한다. 그들의 내러티브는 팬들과 현실적으로 공감할 수 있는 이야기로 공유되며, 기존 K팝의 비현실적 우상성에 대한 뚜렷한 반체제적 성격을 지닌다. 또한 보이넥스트도어는 지코의 크리에이티브 디렉션 하에 음악뿐만 아니라 비주얼, 안무, SNS 운영에 이르기까지 전방위적인 프로듀싱을 통해, 무대 안팎에서 일관된 서사를 구축하고 있다. 이처럼 자기 주도적 아이돌상은 팬들에게 더욱 깊은 신뢰와 공감을 불러일으키며, 퍼포먼스 이면의 사고와 노력의 과정을 가시화함으로써 아티스트와 팬 사이의 심리적 거리를 좁히고 있다. 이처럼 제로베이스원, 라이즈, 보이넥스트도어 등 5세대 그룹들은 각기 다른 전략과 표현 방식을 통해, K팝이라는 장르 안에서 '어떻게 이야기를 전하고, 누구와 함께 성장할 것인가'라는 물음에 새로운 해답을 제시하고 있다. 이들은 더 이상 단순한 아이돌 그룹이 아니라, Z세대와 공명하는 문화적 플랫폼이자, 공동 창작적 관계성을 바탕으로 한 차세대 엔터테인먼트의 중심 주체로 빠르게 자리 잡아가고 있다.

## 베이비몬스터: '발전형' 여성 아이돌의 도전

여성 아이돌 그룹에서도 5세대의 흐름은 뚜렷하게 나타나고 있으며, 기존 K팝의 틀을 계승하면서 이를 넘어서는 다양한 시도들이 전개되고 있다. 특히 주목할 만한 사례는 블랙핑크 이후의 걸크러시 이미지를 계승하면서도, 여기에 새로운 표현의 차원을 더해 등장한 베이비몬스터(BABYMONSTER)이다. YG엔터테인먼트에서

2023년 데뷔한 이 7인조 여성 그룹은 '블랙핑크의 여동생'으로 불리며 데뷔 전부터 국내외 팬들과 언론의 이목을 끌었다.

베이비몬스터는 YG의 전통적인 힙합 기반의 카리스마를 유지하면서도, 그것에 머물지 않고 다층적인 스타일을 추구한다. 특히 이들은 데뷔 전부터 유투브를 통해 연습생 시절의 보컬 및 댄스 영상을 단계적으로 공개하며 실력을 가시화하고, 이를 통해 점진적으로 팬들과의 신뢰 관계를 구축했다. 이는 투애니원과 블랙핑크가 구현해 온 '완성된 아이콘'의 이미지와는 달리, 관객과 함께 성장해가는 '진화형 아이돌상'을 보여주는 대표적인 사례로 평가된다.

게다가 베이비몬스터는 일본 출신 멤버(루카, 아사)와 태국 출신 멤버(치키타, 파리타)를 포함한 다국적 구성이라는 점에서도 글로벌 시장에 대한 즉각적인 대응력을 갖추고 있으며, 데뷔 초기부터 영어, 중국어, 태국어 등 다양한 언어를 활용한 SNS 운영 및 프로모션을 의도적으로 전개하고 있다. 이들의 콘셉트는 강인함과 감정의 공존, 세련된 비주얼과 리얼리티의 공존 등 이분법적 구도를 넘어서는 유연한 자기표현을 지향하며, 이는 5세대적인 감성을 상징적으로 구현한 사례라 할 수 있다.

## 강요받지 않는 리얼함, 아일릿

한편, 하이브 산하의 빌리프 랩(BELIFT LAB)에서 데뷔한 아일릿(ILLIT)은 또 다른 방향에서 5세대 K팝의 가능성을 확장하고 있는 존재이다. 아일릿은 2023년 오디션 프로그램 〈알 유 넥스트?(R U Next?)〉를 통해 탄생한 5인조 여성 그룹으로, 뉴진스의 성공 이후 하이브가 추구하는 '자연스럽고 세련된' 이미지를 계승하면서도, 더욱 뚜렷하게 Z세대의 패션 감각과 라이프 스타일을 반영한 독자적인 브랜딩 전략을 내세우고 있다. 이들의 비주얼 콘셉트에는 Y2K, 미니멀, 스트리트, 스쿨걸 스타일 등 다양한 요소가 유연하게 융합되어 있으며, 이는 단순한 유행의 모방이 아닌 시각적·문화적 메시지의 일환으로 구성되어진다. 또한 아일릿의 음악성 역시 기존 K팝 걸 그룹들이 주로 강조해 온 '파워풀한 보컬과 완벽한 군무'와는 뚜렷이 구별된다. 섬세하고 경쾌한 사운드와, 그에 자연스럽게 어우러지는 리듬감 있는 안무가 특징이며, 일상에 스며드는 듯한 팝 감각 속에 로파이(lo-fi)와 앰비언트(ambient)[10]적 요소를 조화시켜, 기존 K팝에서는 보기 드문 부드러움과 개방감을 전달한다. 이러한 음악적 접근은 과잉된 퍼포먼스를 지양하고, 청취자에게 여운과 상상력을 남기는 설계를 지향함으로써, Z세대가 선호하는 '강요받지 않는 리얼함'이라는 감수성과 맞닿아 있다.

아일릿의 마케팅 전략 역시 '공감 가능한 일상성'의 연출에 중점을 두고 있다. 예를 들어, 멤버들의 일상적인 풍경이나 연습 중의 자연스러운 모습을 담은 콘텐츠를 적극적으로 게시함으로써, 팬들이 그들을 '먼 존재'가 아닌 '나와 연결된 친구'처럼 느낄

---

10. 　전자악기 효과음이나 자연의 소리 등을 조합해 몰입과 휴식에 도움을 주는 음악 또는 영상.

수 있도록 관계의 거리를 설계하고 있다. 이러한 점에서 아일릿은 4세대까지의 걸 그룹들과는 달리, 스타성보다는 친근감, 비일상성보다는 일상성을 중심으로 한 새로운 아이돌상을 제시하고 있다. 이처럼 베이비몬스터와 아일릿은 각기 상이한 지향점을 바탕으로 5세대 K팝 걸 그룹의 가능성을 확장해 나가고 있으며, 향후 흐름을 선도할 주체로서 높은 주목을 받고 있다. 베이비몬스터는 글로벌 시장에의 민첩한 대응력과 뛰어난 퍼포먼스 역량을 겸비한 '완성도 중심형' 진화 그룹으로, 아일릿는 Z세대와의 감성적 공명을 중시하는 '공감 · 일상성 기반형' 그룹으로서, 두 그룹은 각각 5세대 K팝의 다양성과 유연성을 상징적으로 보여주는 사례라 할 수 있다.

## 5세대의 음악성과 브랜딩 전략의 진화

5세대 그룹의 특징 가운데 특히 주목할 만한 점은, 음악적 측면에서도 한층 더 유연해지고 장르의 경계를 넘나드는 성향이 뚜렷해졌다는 점이다. 뉴진스 이후에는 UK 개러지, 로파이 R&B, 하이퍼팝, 아프로비츠, 일렉트로니카 등 글로벌 트렌드에 발맞춘 방식으로 곡 작업이 이뤄지고 있으며, 그에 따라 팬덤 역시 국경을 초월하여 확장되고 있다. 아울러 틱톡을 중심으로 한 사용자 주도의 확산형 미디어 환경에 최적화된 '댄스 챌린지형 안무'나 '중독성 있는 후렴구' 등, 음악과 영상 간의 연동성 역시 전략적으로 설계되고 있다. 이러한 변화는 콘텐츠 제작의 영역을 넘어, 아이돌 브랜딩 및 비즈니스 모델 전반에도 두드러지게 나타난다. 예를 들어 뉴진스가 리바이스, 구찌, 샤넬 등 글로벌 패션 브랜드의 앰배서더로 활약하는 것처럼, 5세대 그룹들은 데뷔 초반부터 패션 및 라이프 스타일 영역과 밀접하게 연계되며, 단순한 음악 활동을 넘어 문화적 가치를 포괄적으로 전파하는 '라이프 스타일 아이돌'로서의 정체성을 부각하고 있다.

## 글로벌 정치 · 경제 변화와 5세대 K팝

더불어 국제 정치 및 경제의 변화 또한 5세대 K팝에 적지 않은 영향을 미치고 있다. 2025년, 도널드 트럼프 전 대통령이 미국 대선에서 재선에 성공하며 수입품에 대한 관세 정책을 강화한 결과, 한국의 제조업 일부가 타격을 입었으나, 그와 동시에 K팝 산업에 대한 투자자들의 관심은 더욱 높아졌고, 하이브, SM, JYP, YG 등 주요 연예기획사들의 주가가 상승하는 현상이 나타났다. 이는 K팝이 물리적 무역 장벽의 영향을 받지 않는 '소프트파워 산업'으로서, 국가 브랜드와 경제적 가치를 뒷받침하는 존재임을 분명히 보여준다.

중국 시장에서도 변화의 조짐이 관측된다. 2016년 사드 배치를 둘러싼 외교적 갈등 이후, 한류 콘텐츠에 대한 비공식적 규제가 장기화되었으나, 최근 들어 점차 완화의 분위기가 감지되고 있으며, 한국 아티스트들의 중국 내 활동도 다시 활기를 띠고 있다. 예를 들어, 한국인 6명, 중국인 2명, 캐나다인 1명으로 구성된

9인조 그룹 제로베이스원은 중국 출신 멤버를 포함하고 있어, 웨이보(Weibo)나 빌리빌리(Bilibili) 등 중국 주요 플랫폼을 적극 활용한 프로모션을 펼치며, 중국 시장을 겨냥한 전략을 명확히 드러낸다. 또한 베이비몬스터 역시 태국, 일본 등 다양한 국적의 멤버들로 꾸려져 아시아 전역을 염두에 둔 활동을 전개하고 있으며, K팝이 중국을 포함한 광역 아시아 시장에서 다시금 존재감을 강화하고 있음을 시사한다. 이처럼 5세대 K팝은 음악적 · 문화적 · 경제적 · 국제적 여러 차원에서 기존의 틀을 넘어서고 있다. 이는 K팝이 더 이상 단순한 한국발 음악 장르가 아니라, 플랫폼, 브랜드, 글로벌 전략이 융합된 복합 문화산업으로 진화하고 있음을 보여주는 단적인 사례이며, 향후 K팝의 지속 가능성과 확장성을 가늠하는 데 있어 결정적인 전환점이 되고 있다.

# 4. K팝의 미래에 대한 전망

×✛×

## AI와 버추얼 아이돌의 부상

5세대 K팝은 4세대의 진화를 계승하면서도 새로운 기술과 시장 전략을 도입함으로써 기존 K팝의 틀을 확장해 나가고 있다. 이러한 흐름은 이미 6세대로 향하는 징후로 나타나고 있으며, K팝이 앞으로 어떻게 변화해 나갈지를 고찰하는 데 중요한 이정표가 되고 있다.

5세대 K팝에서는 AI(인공지능) 기술과 엔터테인먼트의 융합이 본격적인 단계에 접어들었으며, 이를 상징하는 움직임으로 메이브(MAVE:), 이터니티(Eternity), 플레이브(PLAVE)와 같은 버추얼 아이돌의 등장을 들 수 있다.

메이브는 2023년에 데뷔한 4인조 가상 걸 그룹으로, 국내 게임 기업 넷마블의 자회사인 메타버스엔터테인먼트가 기획 및 프로듀싱을 맡았다. 이 그룹은 3D 그래픽, AI 음성 합성, 실시간 모션 트래킹 등의 기술을 활용하여, 멤버들이 비물질적인 존재임에도 불구하고 음악방송에 출연하고 SNS를 통해 팬들과 일상적인 소통을 이어가고 있다. 데뷔곡 「판도라(Pandora)」는 뮤직비디오 공개 2주 만에 1,000만 뷰를 돌파하는 등, 리얼리티와 높은 완성도로 국내외의 주목을 받았다.

이터너티는 한국의 테크 스타트업 Pulse9이 개발한 12인조(실제 활동은 주로 11인 체제로 이루어지고 있다) 여성 가상 그룹으로, AI 기반 얼굴 합성 기술(소위 '딥페이크')을 사용해 실제 인간의 이미지 요소를 바탕으로 비주얼을 생성하고, 음성 또한 AI 음성 합성 기술을 통해 구현된다. 완전히 가상적인 존재임에도 불구하고 노래, 퍼포먼스, 미디어 출연 등 현실 아이돌과 유사한 활동을 펼친다는 점에서 매우 선진적인 사례로 평가된다.

플레이브는 좀더 하이브리드적인 접근을 시도하는 5인조 버추얼 보이 그룹이다. 2023년 국내 콘텐츠 제작사 VLAST에 의해 런칭된 이 그룹은, 실시간 모션 캡처 및 3D 아바타 기술을 활용하여 성우 겸 배우가 실제로 멤버들의 움직임과 목소리를 담당하는 구조를 취하고 있다. 즉 외형은 CG 캐릭터이지만, 내면과 표현은 인간의 연기에 기반한 것이다. 이를 통해 팬과의 실시간 방송에서 자연스러운 대화와 감정 표현, 유연한 동작이 가능해져 기존 버추얼 그룹과의 차별성을 확보했다.

플레이브는 자작곡 제작과 일부 안무 구성에도 연기자가 직접 참여하는 셀프 프로듀싱 지향의 시스템을 운영하고 있다. 그들의 음악은 멜로디의 완성도나 세계관뿐만 아니라 실제 음원 차트 성과도 뚜렷하여, 단순한 '버추얼 기획'에 머무르지 않고 본격적인 아티스트로서의 위상을 확립해 나가고 있다.

## 미래를 향한 기술과 소통 방식의 진화

이러한 버추얼 그룹의 등장은 K팝이 '인간에 의한 퍼포먼스'라는 전통적 전제를 넘어서, 테크놀로지와 인간 표현이 융합되는 종합적 문화 플랫폼으로 진화하고 있음을 보여준다. 하이브, SM엔터테인먼트와 같은 대형 기획사들 또한 AI 기술 도입을 본격화하고 있으며, AI 음성 합성을 활용한 데모 제작, 자동 작곡, 보컬 시뮬레이션 등의 제작 지원을 포함해 아바타 구현 및 가상 공간에서의 팬 이벤트 개최 등 다양한 방식으로 버추얼 영역으로의 확장을 추진 중이다.

팬과의 소통 방식도 변화하고 있다. 하이브의 '위버스'나 SM 계열 아티스트들이 사용하는 '버블'과 같은 팬 플랫폼에서는 AI 챗봇 기능이 도입되어, 아티스트가 직접 응대할 수 없는 시간에도 팬들이 마치 그 아티스트와 대화하는 듯한 경험을 제공받을 수 있다. 향후에는 팬의 기호와 이력에 따라 AI가 맞춤형 음성 및 영상 메시지를 자동 생성하는 서비스도 구현될 것으로 예상되며, 개인화된 몰입형 팬 경험이 현실화되고 있다. 이처럼 메이브, 이터너티, 플레이브와 같은 프로젝트의 진전과 더불어, 대형 기획사들의 기술 혁신은 K팝이 '인간과 AI, 현실과 가상, 창조와 알고리즘'이 공존하는 새로운 시대로 진입하고 있음을 명확히 보여준다. 차세대 K팝에서는 이러한 버추얼과 AI 기술이 더 자연스럽게 통합되어, 리얼 아이돌과의 협력 · 공연이 일상화되는 시대가 도래할 것이다. K팝은 이제 물리적 한계를 넘어서는 표현의 미래를 향해 한 걸음 한 걸음 나아가고 있다.

## 포스트 내셔널 K팝

5세대 K팝은 데뷔 초기부터 국제 시장을 철저히 의식한 전략을 채택해 왔으며, 앞으로는 이러한 경향이 한층 강화될 것으로 예상된다. 하이브와 게펜 레코드가 공동으로 추진한 프로젝트 그룹 캣츠아이(KATSEYE)와 같이, K팝의 트레이닝 시스템을 활용하면서도 한국 이외의 지역을 거점으로 하는 그룹이 증가할 가능성이 높다. 또한 일본 시장에서도 제4장에서 언급한 니쥬(NiziU)와 같은 '일본발 K팝 그룹'이 이미 복수 등장하고 있다는 사실은, K팝 전개의 지정학적 구도에 중대한 변화가 일어나고 있음을 상징적으로 보여준다. 이들 그룹은 한국 음악 산업의 영향을 크게 받으면서도, 일본 내에서의 육성, 데뷔, 마케팅을 중심으로 활동하고 있어, 기존의 '한국에서 데뷔해 해외로 진출하는' 정형적인 K팝 모델과는 다른 경로를 걷고 있다.

그중에서도 엑스지(XG)는 그러한 흐름을 대표하는 사례라 할 수 있다. 엑스지는 전원이 일본 국적의 7인조 여성 그룹으로, 프로듀싱은 일본의 에이벡스와 한국 제작팀 엑스갤럭스(XGALX)가 공동으로 참여한 한일 협업 프로젝트이다. 이들은 2022년부터 본격적인 글로벌 활동을 전개했지만, 초기부터 한국어 곡을 사용하지 않고 영어를 중심 언어로 설정하여 글로벌 전략을 일관되게 펼쳐 온 점이 특징적이다. 퍼포먼스의 퀄리티, 비주얼 구성, 콘셉트 메이킹, 트레이닝 시스템 등은 철저히 K팝의 포맷을 따르고 있어, '일본인에 의한, 한국식 트레이닝을 거친 글로벌 지향형 K팝 그룹'으로 평가할 수 있다.

엑스지의 독특한 점은, 단순히 '일본인이 K팝 스타일로 활동하고 있다'는 수준을 넘어, 데뷔 초기부터 미국 시장을 겨냥한 SNS 전략, 틱톡을 활용한 댄스 챌린지 설계, 해외 미디어와의 전략적 제휴 등, 글로벌 시장에 대한 즉각적인 반응력을 전제로 활동을 전개하고 있다는 데 있다. 예를 들어 「Tippy Toes」나 「SHOOTING STAR」와 같은 곡은 미국과 동남아시아 지역에서 높은 스트리밍 실적을 기록하고 있으며, 실제로 북미 Z세대 사용자층에게도 확고한 인지도를 확보하고 있다. 엑스지는 이처럼 '한국도 일본도 아닌 제3의 장(글로벌 플랫폼)'을 기점으로 K팝을 전개하고 있어, 즉, '포스트 내셔널(post-national) K팝'의 선구적 존재로 평가된다.

엑스지의 등장은, 한국의 기획사가 세계 시장을 대상으로 그룹을 기획하고 발신하던 종래의 글로벌 전략에서 벗어나, 각 지역에서 K팝적 요소가 독자적으로 재구성되고 재정의되는, 이른바 '로컬 K팝화' 현상의 시작을 시사한다. 즉, K팝의 세계화는 이제 단순한 '한국 문화의 수출' 단계를 넘어서, 각 지역에 맞게 토착화되고 번역되어 가는 양상을 보이고 있는 것이다. 이러한 흐름이 본격화될 경우, 일본발 K팝, 중국발 K팝, 나아가 동남아시아발 K팝 등, 지역별 'K팝'이 병존하며, 각기 고유한 팬덤과 스타일을 형성하는 다중심적 구조가 자리 잡을 가능성도 존재한다. 이는 곧 K팝이 더 이상 단일 국가의 콘텐츠가 아니라, 플랫폼 기반의 글로벌 문화로 진화하고 있음을 분명히 드러낸다. 이러한 흐름에 따라, 차세대 K팝에서는 한국의 대형 기획사들이 각국의 음악 시장에 특화된 그룹을 기획·제작하는 사례가 더욱 많아질 것으로 보인다.

## 다양해지는 음악 스타일

5세대 K팝의 두드러진 특징은 음악 스타일의 다양화와 장르 경계의 확장이다. 전통적으로 K팝은 일렉트로닉 댄스 뮤직(EDM), 트랩, 힙합, 신스팝 등을 기반으로, 댄스 퍼포먼스와의 높은 친화성을 전제로 한 곡 구성이 주류를 이루어 왔다. 이러한 사운드는 2000년대 후반부터 2010년대 2·3세대를 거치며 확립되었으며, '격렬한 비트와 중독성 있는 후렴구', '완벽한 안무와의 일체감'은 K팝을 상징하는 핵심 요소로 자리 잡았다. 하지만 4세대 후반에서 5세대로의 이행기에 접어들며 음악적 경향에 변화의 조짐이 나타나기 시작했다. 예를 들어, 뉴진스는 데뷔곡 「Attention」을 시작으로 UK 개러지, 얼터너티브 R&B, 로파이 힙합 등 서구 및 언더그라운드 음악 신(Scene)의 영향을 반영한 곡들을 선보이며, 'K팝다움'에서 의도적으로 거리를 두는 방식으로 새로운 흐름을 만들어 냈다. 이들의 음악은 고도로 기획된 콘셉트나 과도한 연출을 지양하고, 사운드 자체의 질감과 여백을 중시하는 접근을 취한다는 점에서, 기존 K팝과는 차별화되는 탈구축적 스타일로 많은 지지를 받고 있다. 보이넥스트도어 또한 10대의 일상과 감정을 주제로 한 가사와 스토리텔링 중심의 구성 방식을 통해 '말하는 음악'으로서의 K팝을 지향한다. 이로 인해 '사운드로 매혹하는' 전통적인 방식에서 벗어나, '서사와 감정으로 공감을 얻는' 새로운 아이돌상이 정립되고 있으며, 청취자와의 관계성 또한 새로운 층위를 형성하고 있다.

## 장르를 넘나드는 유연한 스타일

차세대 K팝에서는 이러한 음악 스타일의 다양화가 더욱 가속화되며, '장르를 넘나드는 유연한 스타일'이 주류로 부상할 가능성이 크다. 구체적으로는 재즈, 시티팝, 아프로비츠,[11] 하이퍼팝, 레게톤, 드릴, 앰비언트, 트래디셔널 포크 등 지금까지 K팝에서 주변부에 위치해 있던 음악 요소들이 한층 적극적으로 수용되면서, 각 아티스트들이 고유의 음악적 정체성을 구축해 나갈 것으로 전망된다. 특히 주목할 만한 점은, 음악 장르의 '번역과 재해석'을 통해 한국적 표현을 융합하려는 시도들이 늘어나고 있다는 것이다. 예를 들어, 시티팝의 부흥은 일본 및 동아시아 전역에서 관찰

---

11. Afrobeats, 2000년대 후반 나이지리아와 가나 등에서 등장한 현대 아프리카 대중 음악 장르로 전통 아프리카 리듬에 팝, 힙합, 댄스홀, R&B, 하이라이프 등을 결합한 음악이다.

되는 흐름이지만, 한국 아티스트들이 이를 레퍼런스로 삼는 경우, 단순히 70~80년대 일본 사운드를 모방하는 데 그치지 않고, 이를 현대 글로벌 팝의 문맥 속에서 새롭게 재구성하는 방식으로 구현하고 있다. 마찬가지로 아프로비츠나 레게톤과 같은 라틴계 리듬을 도입할 때도, K팝 특유의 구조와 비주얼 문법 안에 재통합함으로써, 단순한 '수입'이 아닌 '공동창작적' 음악성으로 전환되고 있다.

이와 같은 흐름은 음악 제작 시스템의 변화와도 깊은 관련이 있다. 기존 K팝은 기획사 주도의 정교한 사운드 디렉션과 비주얼 연출을 기반으로 한 일정한 제작 포맷이 존재해 왔다. 그러나 5세대 이후에는 멤버들이 직접 작사·작곡에 참여하거나, 인디 출신 프로듀서 및 해외의 개인 아티스트들과의 협업이 활발해지면서, 보다 개인적이고 실험적인 음악이 탄생하기 쉬운 환경이 조성되고 있다. 또한 음악 유통 플랫폼의 다양화와 숏폼 영상 문화의 확산은 한 곡 전체의 완성도보다는 즉흥적 인상이나 단편적인 개성에 초점이 맞춰지는 새로운 감각을 낳고 있다. 틱톡이나 인스타그램 릴스와 같은 플랫폼에서는 하이퍼팝이나 로파이처럼 후크가 강한 단편적 음악이 바이럴되기 쉬우며, 이러한 트렌드는 K팝의 제작 현장에 직접적인 피드백을 제공하고 있다. 이처럼 음악의 다양화는 K팝이 더 이상 한국적인 음악이나 특정 사운드를 지닌 장르로 정의되지 않고, '다양한 음악 장르를 포괄하는 글로벌 플랫폼'으로 진화하고 있음을 입증한다. K팝이라는 라벨 아래 서로 다른 스타일의 음악이 공존하는 시대가 도래했으며, 각 아티스트가 자신만의 음악적 개성을 전면에 내세움으로써 팬덤과의 관계도 더욱 개별화되고 심화되고 있다. 이러한 진화의 끝에는 'K 팝이란 무엇인가'라는 정의 자체가 새롭게 재편되는 미래가 펼쳐질 것이다. 오늘날 K팝은 더 이상 특정한 사운드나 연출을 가리키는 것이 아니라, 전략적으로 기획되고 글로벌하게 전개되는 자기표현의 음악문화 자체를 의미하게 되었다. 그리고 이와 같은 음악문화를 현대사의 다양한 도전과 불확실성을 뚫고 이 음악문화를 형성해 온 주체가 바로 'K', 한국이다.

## 미중 정세와 시장 다변화 전략

K팝은 더 이상 단순한 음악 장르나 서브컬처가 아니라, 국제 정치·경제의 변동과 밀접하게 연동된 영향력 있는 글로벌 문화현상으로 평가되고 있다. 이는 한국이라는 단일 국가의 차원을 넘어 아시아 전체의 소프트파워의 위상, 나아가 글로벌 자본의 순환 구조에 영향을 미치는 산업으로 발전해 왔다. 최근의 국제 정세는 K팝 시장의 확장과 전략 재편을 강하게 촉진하고 있으며, 그 과정에서 K팝 산업은 새로운 전환점에 접어들고 있다.

2025년 들어 미국에서는 도널드 트럼프 전 대통령이 다시 정치의 전면에 복귀하면서 수입품에 대한 관세 조치를 강화했다. 이는 수출 중심의 한국 경제, 특히 제조업 부문에 일정한 타격을 가했지만, 역설적으로 K팝 산업은 주목받는 계기를 마련하게 되었다. 물리적 재화와 달리 음악, 영상, SNS 콘텐츠 등 무형의 문화 자원으로 구성된 K팝은 이러한 보호무역주의 정책의 영향을 비교적 덜 받는 '소프트파워 산업'으로 간주되며, 투자자들의 관심을 끄는 대상이 되었다. 실제로 하이브, SM, JYP, YG 등 대형 연예기획사의 주가가 상승세를 보이면서, 문화산업의 경제적 잠재력이 다시금 재조명되고 있다.

한편, 중국 시장의 변화도 눈여겨볼 만하다. 2016년 사드 배치를 둘러싼 한중 외교 갈등 이후, 중국 내에서는 K팝과 한국 드라마 등 한류 콘텐츠에 대한 비공식적인 규제(이른바 한한령)가 이어져 왔다. 그러나 최근 들어 이러한 규제가 점진적으로 완화되는 양상이며, 한국 아티스트들의 현지 프로모션 활동, 음악 프로그램 출연, SNS 전개 등도 다시 활발해지고 있다. 특히 베이비몬스터와 제로베이스원은 웨이보, 빌리빌리 등 중국의 주요 플랫폼을 적극 활용하며 중국 시장에서의 존재감을 빠르게 회복하고 있다. 중국 내 젊은 세대 사이에서도 K팝에 대한 관심은 여전히 견고하게 유지되고 있으며, 양국 관계의 개선과 함께 문화 교류의 회복이 기대되는 분위기이다. 이처럼 미국과 중국이라는 양대 시장의 지정학적·경제적 변화는 K팝 산업에 새로운 리스크와 동시에 기회를 제공하고 있다. 이에 따라 한국의 연예기획사 및 프로듀서들은 글로벌 진출 전략을 다변화하고 있으며, 미국과 중국뿐만 아니라 동남아시아, 중동, 중남미 등 문화적 친화성과 경제 성장 가능성이 높은 지역으로의 진출이 가속화되고 있다. 이로써 '전 세계에 현지화된 K팝 시장'이라는 다중심적 구조의 형성이 점차 뚜렷해지고 있다.

## 산업의 지속 가능성과 과제

그러나 이러한 국제 전개의 확산과 더불어, K팝 자체의 지속 가능성에 대한 깊은 성찰 역시 요구된다. 장기간의 연습생 생활, 혹독한 체중 관리, SNS를 통한 과도한 감시, 데뷔 이후의 과밀한 공연 일정 등, K팝 아이돌이 처한 노동 환경의 개선은 지난 10여 년간 반복적으로 문제 제기되어 왔다. 최근에는 아티스트의 정신 건강 문제가 사회적으로 부각되면서, 소속사의 윤리적 책임과 제도적 대응이 엄격하게 요구되고 있다. 이는 단순한 인권 문제를 넘어, 비즈니스의 지속성과 직결되는 핵심 과제로 인식되고 있다. 팬덤 또한 과거처럼 '소비의 대상'이 아닌 '존중받아야 할 하나의 인간'으로 아티스트를 바라보는 경향이 뚜렷해지고 있으며, 기획사가 이러한 가치 변화에 얼마나 민감하게 대응할 수 있는지가 향후 산업의 신뢰도를 좌우할 것이다. 동시에 지속 가능성의 관점에서는, 투어나 굿즈 제작 과정에서 발생하는 환경적 부담 역시 간과할 수 없는 문제다. 대량 생산과 대량 소비를 전제로 한 기존의 비즈니스 모델에서 벗어나, 친환경적인 '에코 엔터테인먼트'로의 전환이 요구되고 있다. 일부 그룹은 이미 재활용 소재를 활용한 굿즈 제작이나 디지털 포토카드 중심의 상품 구성을 시도하며 지속 가능한 운영 방안을 모색하고 있다. 이처럼 K팝은 국제 정치·경제의 변동 속에서 능동적으로 대응하며 글로벌 산업으로 성장해 왔을 뿐 아니라, 그 과정에서 발생하는 윤리적·환경적 과제에 직면하면서 새로운 산업 모델을 실험하고 있다. 향후 K팝은 단지 '얼마나 넓게 퍼질 것인가'뿐만이 아니라, '얼마나 깊이 공감을 얻을 수 있는가', '얼마나 오랫동안 지속될 수 있는가' 라는 질문에 응답할 수 있어야 한다. 지속 가능성과 글로벌 공존 성을 함께 실현해 나가는 것이야말로 K팝의 다음 진화를 위한 핵심 열쇠가 될 것이다.

## K팝의 진화는 어디로 향할까

K팝은 최근 10년간 단순한 '한국발 대중음악 장르'를 넘어, 테크 놀로지·글로벌 시장·팬 문화를 아우르는 다양한 문화적 층위가 교차하는 트랜스내셔널 플랫폼으로 진화해 왔다. 이 가운데 4세 대는 SNS 시대에 최적화된 프로모션 기법과 국경을 초월한 팬덤 형성을 통해 K팝의 국제적 기반을 정착시키는 데 기여했다. 이를 계승하며 새로운 창의성과 감성으로 영역을 확장하고 있는 것이 바로 5세대이다.

5세대의 가장 큰 특징은 표현 방식의 다원화와 구조의 유연 성에 있다. 장르와 언어의 경계를 넘나드는 음악 스타일, 테크놀 로지와의 융합, 일상성과 공감을 중시하는 새로운 아이돌상의 출현 등으로 인해, K팝은 이제 하나의 정형화된 모델이 아니라, 다양한 문화적 가치가 교차하는 초국적 플랫폼으로 기능하고 있 다. 여기에는 '한국적인 것'이나 '정제된 퍼포먼스'와 같은 전통적 미학 외에도, 미완성, 자연스러움, 협력성과 같은 요소들이 새로 운 미적 기준으로 부상하고 있다.

K팝은 국제사회의 정치·경제적 변수와도 밀접한 연관성을 지니고 있다. 지정학적 리스크, 외교적 불확실성, 글로벌 자본 흐름, 테크놀로지 산업의 변화 등 다양한 외생적 요인들이 K팝 산업의 전략 및 시장 전개 방식에 실질적인 영향을 미치고 있다. 이러한 상황 속에서 핵심적으로 요구되는 과제는 단순한 '흥행'의 반복이 아니라, 문화산업으로서 K팝의 지속 가능성을 어떻게 구축할 것인가 하는 점이다.

향후 K팝의 진화 방향은 아이돌이라는 직업의 사회적 위상, 노동 환경, 팬과의 관계, 환경 지속 가능성, 디지털 윤리 등 복합적인 과제들에 대해 산업이 자율적인 규범을 정립할 수 있는지 여부에 달려 있다. 또한 세계화가 심화됨에 따라 국가별 로컬 K팝이 본격적으로 출현하게 될 경우, '한국발'이라는 중심적 라벨 역시 점차 탈중심화될 가능성이 크다. 즉, 앞으로의 K팝은 '어느 나라에서 기원했는가'의 물음보다 '어떤 문화적 가치를 창출할 수 있는가'가 본질적으로 질문받는 시대에 접어들고 있다. 이러한 변화의 최전선에는 4세대가 구축한 기반 위에서 5세대 아티스트들이 표현의 실천을 축적해 가고 있으며, 이들의 문화적 실천은 다음 세대인 6세대 K팝의 방향성을 형성하는 핵심 변수가 될 것이다. K팝의 진화는 이제 하나의 정해진 경로를 따르는 것이 아니라, 다양한 창작 주체와 수용자들이 상호작용하며 함께 직조해 나가는 분산적이고 유동적인 문화 실천으로 전개되고 있다.

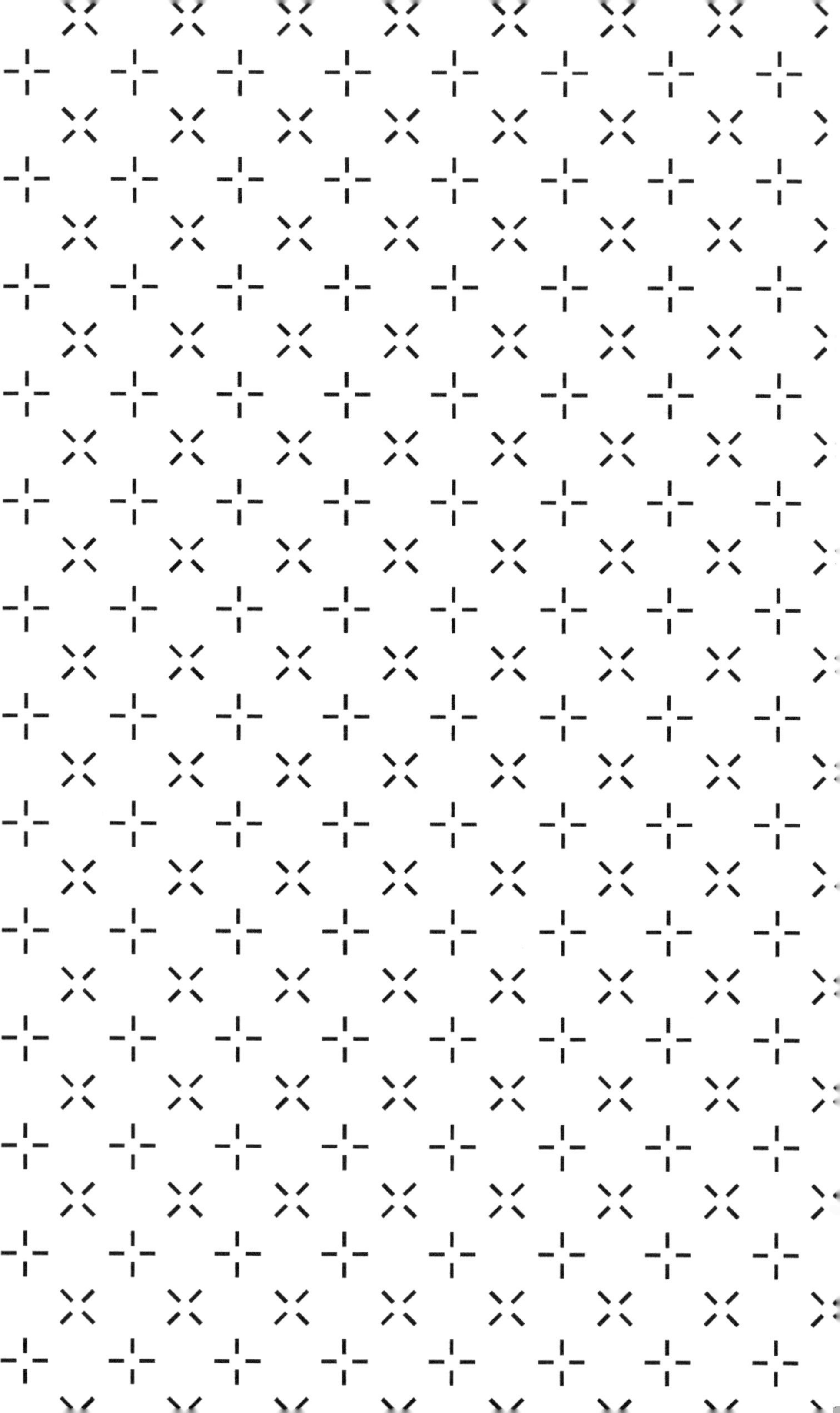

# 일본어판 에필로그

✗✛✗

'역사 속 K팝'에 대해 글을 써보고 싶다는 생각은 몇 년 전부터 점점 강해지고 있었다. 되돌아보면 내가 K팝을 처음 만난 건 1995년 여름, 대학 시절이었다. 서울을 방문했을 때 거리에서 들려오던 음악이 유난히 귀에 들어왔다. 힙합 세대였던 나는 당시 미국의 힙합뿐 아니라 프랑스나 북유럽의 힙합도 즐겨 듣고 있었다.

1990년대 한국은 힙합이 매우 활발했고, 사실 세계적인 힙합 강국이었다. 처음 들었을 때 유럽이나 미국의 힙합과는 다른, 어딘가 더 친근하게 느껴지는 리듬이 마음을 사로잡았다. 그 순간부터 K팝으로 이어지는 한국 음악의 매력에 빠지는 데는 오랜 시간이 걸리지 않았다.

당시 인천국제공항은 아직 존재하지 않았고, 서울에 갈 때는 김포공항을 통해 입출국하던 시기였다. 귀국을 앞두고 나는 공항의 CD 가게에 들러, 알고 있는 한국어를 총동원해 "요즘 유행하는 댄스 음악 CD를 사고 싶다"고 점원에게 말했다. 간신히 의사소통에 성공해 CD를 구입했고, 귀국 후에는 그 앨범을 반복해서 들었다. 이것이 나의 첫 K팝 체험이었다.

그 이후로 K팝은 내 일상에서 늘 함께해 왔다.

한국에서 만난 음악에 충격을 받은 대학생은 곧 쉰 번째 생일을 맞이하게 되었다. 공교롭게도 이 책(일본어판)이 출간되는 2023년 4월이 바로 그때이다. 나 개인에게 이 책을 집필하는 시간은, 인생의 많은 시간을 함께해 온 'K팝'이라는 음악을 되돌아보는 소중한 기회였다. 하지만 그만큼 여러 생각이 머리를 스쳐 지나가, 집필이 예상보다 오래 걸리기도 했다. 나의 역량이나 원고 분량의 한계도 있어 부족한 점이 많다는 사실을 잘 알고 있지만, 어떻게든 완성할 수 있어 다행이라 생각한다. K팝과 그 이전의 한국 대중음악에는 주목할 만한 가수들이 많이 있다. 하지만 이 책은 사회 변화와 음악의 흐름을 연결하여 서술하는 방식을 택했기 때문에, 소개할 수 있었던 가수는 극히 일부에 불과하다. 물론이 책에 등장하지 않은 가수가 한국 대중음악의 발전에 기여하지 않았다는 뜻은 아니다. 또, 내 개인적인 취향과 관련이 있다는 뜻도 아니다. 실제로 과거에 내가 '덕질'했거나 지금도 좋아하는 가수 중에서 이 책에 등장하지 않은 이들도 있다.

K팝에 관한 책이라 기대하고 선택했는데, 자신의 '최애'의 이름이 나오지 않아 실망한 독자도 있을지 모른다. 하지만 여기에 대해 나는 일부러 사과하지 않기로 했다. 왜냐하면, 그 '최애'에 대해 나보다 더 많이 알고 있는 사람이 바로 당신이기 때문이다. 나는 단지 그 '최애'가 어떤 역사 속에서 등장했는지를 생각해볼수 있는 하나의 지도를 제시했을 뿐이다. 그 지도 속에서 자신의

'최애'가 어디에 위치하는지를 직접 생각해 보면 좋겠다. 그렇게 함으로써, 지금까지 보이지 않았던 '최애'의 새로운 모습이 떠오른다면, 이 책은 비로소 진정으로 완성되는 것이 아닐까.

한편 이 책은 신서 시리즈의 성격상, 학술적인 논의에 깊이 들어가지 않고 서술을 이어갔다. 그래서 학문적으로 미흡한 부분이 있다는 점은 나 자신도 잘 알고 있다. 이에 대해서는 추후 이 책을 바탕으로 더 학술적으로 깊이 있는 논문을 집필함으로써 보완해 나가고자 한다. 또, 내 좁은 식견과 부족한 능력으로 집필한 만큼 오류나 문제점도 있을 수 있으리라 생각한다. 널리 고견을 구하고 싶다.

이 책의 출간을 위해 많은 도움을 주신 지쿠마신쇼 편집부의 야마모토 타쿠 씨에게 깊은 감사를 드린다. 기획 단계부터 정성스럽게 조언해 주셨기에 여기까지 올 수 있었다. 진심으로 감사드린다. 또한, 일본 불교대학교 오타니 에이이치 교수님께서도 출간에 큰 힘이 되어주셨다. 감사를 전하며, 앞으로도 많은 가르침을 부탁드리고 싶다. 집필 기간에 늘 곁에서 도와준 동반자 아야노 선생님에게도 이 자리를 빌려 진심으로 고마운 마음을 전하고 싶다. 앞날을 가늠하기 어려운 한일관계이지만, 이 책이 양국의 상호 이해와 사회 발전에 조금이라도 기여할 수 있다면 더 바랄 나위 없겠다.

2023년 1월, 교토 자택에서
야마모토 조호

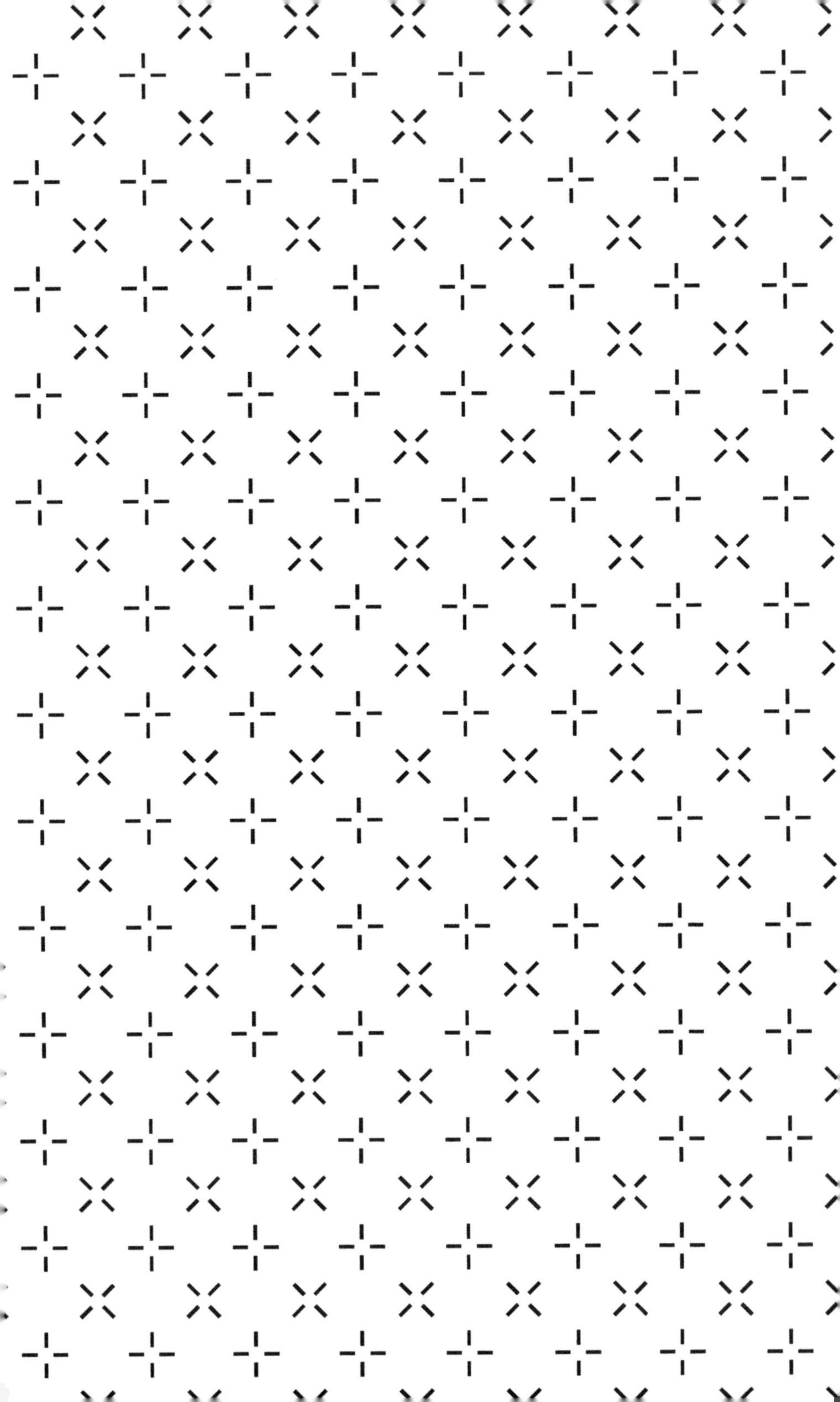

# 주요 참고문헌

✕ ✛ ✕


【한국어】

- 장유정·서병기, 『한국 대중음악사 개론』, 성안당, 2015.
- 야마모토 조호 외, 『명동 길거리 문화사』, 한국학중앙연구원, 2019.

【일본어】

▷ 서적

- 生明俊雄, 『ポピュラー音楽は誰が作るのか：音楽産業の政治学』, 勁草書房, 2004.
- 生明俊雄, 『二〇世紀日本レコード産業史：グローバル企業の進攻と市場の発展』, 勁草書房, 2016.
- 李鍾元·木宮正史·磯崎典世·浅羽祐樹, 『戦後日韓関係史』, 有斐閣, 2017.
- 姜信子, 『日韓音楽ノート：〈越境〉する旅人の歌を追って』, 岩波新書, 1998.
- 君塚太, 『日韓音楽ビジネス比較論：K팝とJ-POP本当の違い』, アスペクト, 2012.
- 金成玟, 『K팝：新感覚のメディア』, 岩波新書, 2018.
- 京都大学朝鮮語自主講座(編·翻訳), 『韓国の民衆歌謡』, ウリ文化研究所, 1988.
- クォン·ヨンソク, 『「韓流」と「日流」：文化から読み解く日韓新時代』, NHK出版, 2010.
- 小林孝行, 『日韓大衆音楽の社会史：エンカとトロットの土着性と越境性』, 現代人文社, 2019.
- ジェームズ·M·バーダマン·里中哲彦, 『はじめてのアメリカ音楽史』, ちくま新書, 2018.
- 田中俊明(編), 『朝鮮の歴史：先史から現代』, 昭和堂, 2008.

• 趙世暎(저)·姜喜代(번역), 『日韓外交史：対立と協力の50年』, 平凡社新書, 2015.
• 東谷護, 『マス·メディア時代のポピュラー音楽を読み解く：流行現象からの脱却』, 勁草書房, 2016.
• 中村とうよう, 『大衆音楽の真実』, ミュージック·マガジン, 1986.
• 中村とうよう, 『ポピュラー音楽の世紀』, 岩波新書, 1999.
• 朴燦鎬, 『韓国歌謡史 I 1895-1945』, 邑楽舎, 2018.
• 毛利嘉孝, 『増補　ポピュラー音楽と資本主義』, せりか書房, 2012.
• 森正人, 『大衆音楽史：ジャズ、ロックからヒップ·ホップまで』, 中公新書, 2008.
• 矢野利裕, 『ジャニーズと日本』, 講談社現代新書, 2016.
• 山本浄邦(편), 『韓流日流：東アジア文化交流の時代』, 勉誠出版, 2014.

▷ 논문
• 金珉廷, "1970年代以降の韓国禁止歌と韓国社会", 『言語·地域文化研究』, 제18호, 東京外国語大学大学院, 2012년 3월.
• 山本浄邦, "日本におけるKポップ受容の歴史的背景に関する一考察：1980年代以降東アジアの変化を中心として", 『コリア研究』, 제9호, 立命館大学コリア研究センター, 2018년 12월.

【인터넷 자료】
• 경향신문: https://www.khan.co.kr
• 한겨레: https://www.hani.co.kr
• 한국학중앙연구원 "한국민족문화대백과사전": http://encykorea.aks.ac.kr
• 우리가요 ARCH아이브-K (YouTube): https://www.YouTube.com/@ARCH아이브-K
• 松浦勝人【maxmatsuura】(YouTube): https://www.YouTube.com/@masatomaxmatsuura
• Kstyle: https://news.kstyle.com

**1판 1쇄**  2025년 9월 28일
**ISBN**  979-11-92667-96-6 (03670)

**저자**  야마모토 조호
**번역**  야마모토 조호
**편집**  김효진
**교정**  이수정
**제작**  재영 P&B
**디자인**  우주상자
**펴낸곳**  마르코폴로
**등록**  제2021-000005호
**주소**  세종시 다솜1로9
**이메일**  laissez@gmail.com
**페이스북**  www.facebook.com/marco.polo.livre

책 값은 뒤표지에 있습니다. 잘못된 책은 교환하여 드립니다.